池田大作先生監修

現代語訳

立正安国論

創価学会教学部編

目　次

立正安国論

第1段　災難《さいなん》の根本原因を明かす
（御書一七ジペー一行目〜十四行目）

第2段　災難の由来を説《と》く経文を引く
（御書一七ジペー十五行目〜二〇ジペー十三行目）

第5段　中国・日本の例を挙《あ》げて念仏《ねんぶつ》が亡国《ぼうこく》の原因と示す

第6段　念仏禁止《きんし》の進言《しんげん》の先例を挙げる

第7段　仏の命令を示して謗法の断絶《だんぜつ》を勧《すす》める

一、本書は、「大白蓮華」に連載された創価学会教学部編、池田大作先生監修「現代語訳『立正安国論』」（二〇一三年四月号〜六月号）を、監修者の了解を得て「現代語訳『立正安国論』」として収録した。

一、御書全集に対応するページ数を、現代語訳本文の上段に（ ）で示した。

一、理解を助けるため、御書本文の語句を適宜〔 〕に入れて示した。また小見出しを適宜付した。

一、経論等の引用箇所は、読みやすさを考え、書体を変えてある。

一、読みが難しい漢字には、ルビを振った。読みの統一などのため、一部、御書全集のルビを改めたものがある。

一、説明が必要と思われる語句には、〈注〇〉を付け、各段の終わりに「注解」を設けた。

御書の引用は、『新編 日蓮大聖人御書全集』（創価学会版、第二六六刷）を（御書〇〇㌻）で示した。

法華経の引用は、『妙法蓮華経並開結』（創価学会版、第二刷）を（法華経〇〇㌻）で示した。

日寛上人による御書の文段からの引用は、『日寛上人文段集』（聖教新聞社刊）を（文段集〇〇㌻）で示した。

一、本抄全体に関する解説を巻末に付した。

装幀 株式会社プランク 松田 和也

現代語訳

立正安国論
りっしょうあんこくろん

第1段　災難《さいなん》の根本原因を明かす

（御書一七ジペー一行目～十四行目）

災難《さいなん》の由来《ゆらい》を質問する

旅人《たびびと》〈注1〉がやって来て嘆《なげ》いていう。

ここ数年今日《こんにち》まで〈注2〉、天変地異《てんぺんちい》が天下のいたるところで起こり、飢饉《ききん》や疫病《えきびょう》が地上を席捲《せっけん》している。牛や馬が町や村の小道で行き倒《だお》れ、骸骨《がいこつ》が大きな道路に満《み》ちている。亡《な》くなった人はもはや半数を超《こ》えるというありさまで、悲しまない者は実《じつ》に誰《だれ》一人いない。

そのため、「利剣即是《りけんそくぜ》（煩悩《ぼんのう》を断《た》ち切《き》る利剣とは《阿弥陀仏《あみだぶつ》〈注3〉という仏の名》である）」

（善導《ぜんどう》『般舟讃《はんじゅさん》』）との文《もん》をひたすら信《しん》じて西方《さいほう》の極楽世界《ごくらくせかい》で教えを説いている阿弥陀仏の名を口《くち》にしたり、「衆病悉除《しゅびょうしつじょ》（さまざまな病《やまい》がすべて除去《じょきょ》される）」（薬師経《やくしきょう》）との誓願《せいがん》を信じて東方《とうほう》の浄瑠璃《じょうるり》世界の薬師如来《やくしにょらい》〈注4〉の経を唱《とな》えたり、「病即消滅《びょうそくしょうめつ》、不老不死《ふろうふし》（病はたちまちに消滅して不老不死となるだろう）」（法華経薬王菩薩本事品《やくおうぼさつほんじほん》第23）との文を信仰《しんこう》して真実《しんじつ》の経である法華経のすばらしい経文を尊崇《そんすう》したり、「七難《しちなん》即滅《そくめつ》、七福即生《しちふくそくしょう》（七難がたちまちに消滅し七福がたちまちに生じる）」（仁王経《にんのうきょう》）との一句《いっく》を信じて百人の講師《こうし》による延《の》べ百回の仁王経の講義《こうぎ》〈注5〉を行《おこな》ったり、秘密教《ひみつきょう》〈注6〉である真言《しんごん》の教えによって五つの瓶《かめ》の水を頭に注《そそ》ぐ儀式《ぎしき》〈注7〉を行ったり、座って精神を集中する修行《しゅぎょう》〔坐禅入定《ざぜんにゅうじょう》の儀《ぎ》〕を完璧《かんぺき》に行い空観《くうがん》〈注8〉を修《おさ》めて心を晴れわたった満月のように清《きよ》らかにしたり、また七鬼神《しちきじん》〈注9〉の名を書いて家々の門に貼《は》ったり、五大力《ごだいりき》〈注10〉の姿《すがた》を描《えが》いて家々の戸に掛《か》けたり、天地の神々《かみがみ》を拝《はい》して四角祭《しかくさい》や四境祭《しきょうさい》〈注11〉を催《もよお》したり、国民・民衆《みんしゅう》に慈悲《じひ》の心を懸《か》けて一国の主《あるじ》や地方官《ちほうかん》〈注12〉が善政《ぜんせい》を行ったりしている。

しかし、ただ憂慮《ゆうりょ》を深《ふか》くするだけであって、ますます飢饉《ききん》・疫病《えきびょう》に責《せ》められ、物乞《ものご》いをする人は至《いた》るところで目につき、死人《しにん》を見ないことがない。遺体《いたい》が積《つ》み重《かさ》なって物見台《ものみだい》になるほどであり、遺骸《いがい》が並《なら》んで橋になるぐらいである〈注13〉。よくよく考えてみると、日と月の二つ〈注14〉も璧《へき》〈注15〉のように欠《か》けることなく照《て》り輝《かがや》き、五つの惑星《わくせい》〈注16〉も珠《たま》を連《つら》ねたように美しく輝《かがや》いている。また仏法僧《ぶっぽうそう》の三宝《さんぽう》〈注17〉もこの世に厳然《げんぜん》とあり、八幡大菩薩《はちまんだいぼさつ》〈注18〉の守護《しゅご》が終わる百代目の天皇《てんのう》〈注19〉にまで至《いた》っていないのに、今の世の中は早々と衰《おとろ》えてしまい、仏の教えはどうして廃《すた》れたのか。これはどのような罪《つみ》により、これはどのような誤《あやま》りに由来《ゆらい》するのか。

災難《さいなん》の根本原因を明かす

主人がいう。

私は一人このことを憂慮《ゆうりょ》して胸中《きょうちゅう》で憤《いきどお》ってもどかしい思いをしていた。あなたが来て私と同様に嘆《なげ》いている。対話を重《かさ》ねようではないか。そもそも、出家《しゅっけ》して仏道修行《ぶつどうしゅぎょう》を行《おこな》うのは、仏の教えによって成仏《じょうぶつ》を求《もと》めるものである。ところが、今、神の使う手だても期待を裏切《うらぎ》り、仏の威力《いりょく》にもはっきりした結果が現《あらわ》れない。

今の時代のありさまを、詳《くわ》しく目《ま》の当《あ》たりにすると、愚《おろ》かにも、死後にどうなるかとの疑《うたが》いを起こすばかりである〈注20〉。そうであるから、丸い天を仰《あお》いでわだかまった気持ちを押《お》し殺《ころ》し、うつむいて四方《しほう》に広がる大地を見つめて憂《ゆう》慮《りょ》を深めるのである。

微力《びりょく》ながら、じっくりと考え、少しばかり経文を見てみたところ、世の中は皆《みな》正しい教えに背《そむ》き、人々はことごとく悪に帰依《きえ》している。それ故《ゆえ》、善神《ぜんじん》は国を捨《す》てて離《はな》れ去《さ》り、聖人《しょうにん》は辞去《じきょ》して戻《もど》らない。その結果、魔《ま》や鬼《き》〈注21〉が来て、災難《さいなん》が起こっているのである。言わないわけにはいかない、恐《おそ》れずにはいられない。

◇注　解◇

〈注1〉【旅人《たびびと》】御書本文は「旅客《りょきゃく》」（一七ページ）。旅人は正しい法が分からず迷《まよ》っている人を象徴《しょうちょう》しているとも拝《はい》せる。

〈注2〉【ここ数年今日《こんにち》まで】御書本文は「近年《きんねん》より近日《きんじつ》に至《いた》るまで」（一七ページ）。「立正安国論奥書《りっしょうあんこくろんおくがき》」に「去《い》ぬる正嘉元年《しょうかがんねん》〈太歳丁巳《たいさいひのとみ》〉八月二十三日戌亥《いぬい》の剋《こく》の大地震《おおじしん》を見て之《これ》を勘《かんが》う、其《そ》の後文応元年《のちぶんおうがんねん》〈太歳庚申《たいさいかのえさる》〉七月十六日を以《もっ》て宿屋禅門《やどやぜんもん》に付《ふ》して故最明寺入道殿《こさいみょうじにゅうどうどの》に奉《たてまつ》れり」（御書三三ページ）とあるように、日蓮大聖人は正嘉元年（一二五七年）八月の大地震を機《き》に考えはじめ、「立正安国論」としてまとめて文応元年《ぶんおうがんねん》（一二六〇年）七月十六日に北条時頼《ほうじょうときより》に提出《ていしゅつ》された。

〈注3〉【阿弥陀仏《あみだぶつ》】はるか西方《さいほう》の極楽《ごくらく》世界（安養《あんよう》世界）という浄土《じょうど》で教えを説《と》いているとされる仏。称名念仏《しょうみょうねんぶつ》によって死後に極楽往生《おうじょう》を願《ねが》う信仰《しんこう》が隆盛《りゅうせい》した。

〈注4〉【薬師如来《やくしにょらい》】東方《とうほう》の浄瑠璃《じょうるり》世界に住む仏。病苦を除《のぞ》くなどの現世利益《げんぜりやく》を願《ねが》う信仰《しんこう》が隆盛《りゅうせい》した。比叡山延暦寺《ひえいざんえんりゃくじ》の根本中堂《こんぽんちゅうどう》の本尊《ほんぞん》。

〈注5〉【仁王経《にんのうきょう》の講義《こうぎ》】仁王経は、金光明経《こんこうみょうきょう》と法華経とともに護国三部経《ごこくさんぶきょう》として尊重《そんちょう》された。この経の護国品《ごこくほん》に、百の高座《こうざ》を設《もう》け、百人の法師《ほっし》を招請《しょうせい》してこの経を講義《こうぎ》すれば国は安泰《あんたい》であると説《と》くところから行《おこな》われるようになった。一日一座《ざ》ずつ行われることもある。

〈注6〉**【秘密教《ひみつきょう》】** 真言宗《しんごんしゅう》では、経典を釈尊《しゃくそん》の秘密真実《しんじつ》の教えを説《と》いた秘密教と人々の機根《きこん》（仏法を理解し受容《じゅよう》する能力《のうりょく》）に応《おう》じて方便《ほうべん》として説かれた顕露教《けんろきょう》に分けた。

〈注7〉**【五つの瓶《かめ》の水を頭に注《そそ》ぐ儀式《ぎしき》】** 五つの瓶とは、密教《みっきょう》で災難《さいなん》を除《のぞ》くための祈禱法《きとうほう》の時に、大壇《だいだん》の中央と四隅《よすみ》に置《お》く五個の宝瓶《ほうびょう》で、五智《ごち》・五部《ごぶ》・五仏《ごぶつ》などを表示《ひょうじ》する。法門《ほうもん》を師《し》から弟子《でし》へ伝《つた》える儀式（灌頂《かんじょう》）の際《さい》には、この五瓶《ごびょう》に香水《こうずい》（各種《かくしゅ》の香《こう》を加《くわ》えた清浄《せいじょう》な水）を入れ、その水を受者の頭頂《とうちょう》に智水《ちすい》として注《そそ》ぐ。

〈注8〉**【空観《くうがん》】** あらゆる事物《じぶつ》・事象《じしょう》（諸法《しょほう》）には、固定的《こていてき》な不変《ふへん》の実体がなく、その本性《ほんしょう》は空《くう》であると観《かん》ずること。

〈注9〉**【七鬼神《しちきじん》】** 七鬼神は、却温黄神呪経《きゃくおんおうじんしゅきょう》に疫病《えきびょう》を起こすと説《と》かれる七種《しゅ》の鬼神のこと。鬼神は、仏道修行者《ぶつどうしゅぎょうしゃ》を守護《しゅご》する働《はたら》き（善鬼神《ぜんきじん》）や、生命をむしばむ働《はたら》き（悪鬼神《あっきじん》）に大別《たいべつ》されるが、用例《ようれい》は多岐《たき》にわたる。

〈注10〉**【五大力《ごだいりき》】** 五大力菩薩《ぼさつ》のこと。国王が仏法僧《ぶっぽうそう》の三宝《さんぽう》を護持《ごじ》すればこの五菩薩が国土の四方《しほう》と中央で国王を守護《しゅご》するとされる。鳩摩羅什訳《くまらじゅうやく》の仁王経巻《にんのうきょうまき》下の受持品《じゅじほん》第七に説《と》かれる仁王会《にんのうえ》の本尊《ほんぞん》である。中世《ちゅうせい》には、五大力菩薩が天災地変《てんさいちへん》や疫病《えきびょう》などを除《のぞ》くという信仰《しんこう》が一般《いっぱん》にも広がり、その図像《ずぞう》が守《まも》り札《ふだ》として門戸に貼《は》られるようになった。

〈注11〉**【四角祭《しかくさい》や四境祭《しきょうさい》】** 陰陽道《おんようどう》に基《もと》づく祭事《さいじ》で、家の四角《よすみ》と国の四方《しほう》の境《さかい》で行《おこな》われる。

〈注12〉【地方官《ちほうかん》】御書本文は「国宰《こくさい》」（一七ページ）。国司《こくし》の別称《べっしょう》。

〈注13〉【遺体《いたい》が積《つ》み重《かさ》なって……橋になるぐらいである】御真筆《ごしんぴつ》は「臥屍為観　並戸作橋」。ここでは、「屍《しかばね》を臥《ふ》せて観《ものみ》と為《な》し、尸《かばね》を並《なら》べて橋《はし》と作《な》す」と読み下し、現代語訳した。

〈注14〉【日と月の二つ】御書本文は「二離《じり》」（一七ページ）。易《えき》の「離《り》」の卦《け》は、火に配当され、明《めい》であるところから、月と日を「二離」という。

〈注15〉【璧《へき》】円盤状《えんばんじょう》の宝玉《ほうぎょく》。

〈注16〉【五つの惑星《わくせい》】御書本文は「五緯《ごい》」（一七ページ）。歳星《さいせい》（木星）・熒惑星《けいこくせい》（火星）・鎮星《ちんせい》（土星）・太白星《たいはくせい》（金星）・辰星《しんせい》（水星）の総称《そうしょう》。恒星《こうせい》の間を横切《よこぎ》って縫《ぬ》うように動く星で、恒星を経星《けいせい》というのに対して緯星《いせい》という。

〈注17〉【仏法僧《ぶっぽうそう》の三宝《さんぽう》】仏法を信奉《しんぽう》するものが最《もっと》も大切にする仏法僧の三つ。

〈注18〉【八幡大菩薩《はちまんだいぼさつ》】八幡宮《はちまんぐう》の祭神《さいしん》。もとは農耕《のうこう》の神であったが、応神天皇《おうじんてんのう》と同一視《どういつし》された。朝廷《ちょうてい》の祖先神《そせんしん》・守護神《しゅごしん》とされ、また源氏《げんじ》をはじめ武士《ぶし》の守護神とされた。

〈注19〉【百代目の天皇《てんのう》】「諫暁八幡抄《かんぎょうはちまんしょう》」に「平城《へいぜい》天皇の御宇《ぎょう》に八幡の御託宣《ごたくせん》に云《いわ》く『我《われ》は是《こ》れ日本の鎮守八幡大菩薩《ちんじゅはちまんだいぼさつ》なり百王を守護《しゅご》せん誓願《せいがん》あり』等云云《とううんぬん》」（御書五八七ページ）とある。「立正安国論」御執筆《ごしっぴつ》当時の当代の天皇（亀山《かめやま》天皇）は第九十代とされていた。

〈注20〉【愚《おろ》かにも、死後にどうなるかとの疑《うたが》いを起こすばかりである】御書本文は「愚《ぐ》にして後生の疑《うたがい》を発《おこ》す」（一七ページ）。御真筆《ごしんぴつ》は「愚発後生之疑」。日寛上人《にちかんしょうにん》の『文段《もんだん》』では、

「後生とは当世の人のこと」とする日性《にっしょう》（一五五四年〜一六一四年）の『御書註《ごしょちゅう》』の釈《しゃく》を可としている（文段集一二ジペー）。本抄《ほんしょう》および他の御書の用例《ようれい》を検討《けんとう》し、ここでは、「後生」は〝死後〟の意と考えた。

〈注21〉**【魔《ま》や鬼《き》】** 魔も鬼も仏道修行《ぶつどうしゅぎょう》を妨《さまた》げる種々《しゅじゅ》の働《はたら》き。鬼は仏道修行者の身体を損《そこ》ねる働《はたら》きをいう。魔は「奪命者《だつみょうしゃ》（命を奪《うば》う者）」「奪功徳者《だつくどくしゃ》（功徳を奪う者）」とされ、仏道修行者の心、三世《さんぜ》にわたる生命をも損ねる働《はたら》きをいう。

第2段　災難《さいなん》の由来《ゆらい》を説《と》く経文を引く

（御書一七ジペー十五行目〜二〇ジペー十三行目）

災難《さいなん》の由来《ゆらい》を説《と》く経文を尋《たず》ねる

旅人《たびびと》がいう。

この国の災難《さいなん》は、私独《ひと》りが嘆《なげ》くだけではなく、多くの人々が皆《みな》悲しんでいる。今、蘭室《らんしつ》〈注1〉に入《はい》るように、あなたのところに来てお話を初めてお聞きしたが、善神《ぜんじん》・聖人《しょうにん》が辞去《じきょ》し災難が次々と起こるということは、どの経に出ているのか。その根拠《こんきょ》が聞きたい。

（18）

経文（1） 金光明経《こんこうみょうきょう》

主人がいう。

根拠《こんきょ》となる経文は極《きわ》めて多く、証拠《しょうこ》は幅広《はばひろ》くある。

金光明経《こんこうみょうきょう》〈注2〉にはこうある。

「（国王が）その国土に、この経があるとはいえ、いまだかつて流布《るふ》させたことがなく、関心《かんしん》をもたず聞くことを願《ねが》わず、経典を供養《くよう》したり尊重《そんちょう》したり讃嘆《さんたん》したりすることもない。仏法を信じる出家《しゅっけ》・在家《ざいけ》の男女や経典を記憶《きおく》し実践《じっせん》する人を見ても、同様にその人々を尊重したり供養したりといったことなどがない。

そのような場合、私たち四天王《してんのう》〈注3〉およびその従者《じゅうしゃ》である無数《むすう》の神々《かみがみ》は、この深遠《しんえん》な妙法《みょうほう》を聞くことができず、甘露《かんろ》（不死《ふし》の妙薬《みょうやく》）の味わいから遠ざけられ、正法の流れから外《はず》れてしまい、威光《いこう》・勢力《せいりょく》がなくなることになる。

それによって、地獄界《じごくかい》などの悪趣《あくしゅ》（劣悪《れつあく》な境涯《きょうがい》）の衆生《しゅじょう》の数が増《ふ》え善道《ぜんどう》（六道《ろくどう》のうちの善《よ》い境涯）である人界《にんかい》・天界《てんかい》の衆生の数が減《へ》り、輪廻《りんね》の生死《しょうじ》の苦しみ〈注4〉という川に落ちて、平安な涅槃《ねはん》〈注5〉という道から外《はず》れてしまうだろう。

釈尊《しゃくそん》よ、私たち四天王《してんのう》とその従者《じゅうしゃ》たち、およびヤクシャ〈注6〉らは、このような事態《じたい》を見て、その国土を捨《す》ててしまい、守護《しゅご》しようとする心がなくなるだろう。ただ私たちだけがこの王を捨て去《さ》るのではなく、国土を守護する無数《むすう》の大善神《だいぜんじん》たちすべてが捨て去るということが起こる。

そして捨《す》て去《さ》った以上は、その国には種々《しゅじゅ》の災害《さいがい》があって国王は地位《ちい》を失《うしな》うにちがいない。民衆《みんしゅう》は誰《だれ》一人善良《ぜんりょう》な心がなく、ただ拘束《こうそく》・殺害《さつがい》・対立紛争《たいりつふんそう》ばかりがあって、互《たが》いに自分に都合のよいように物事《ものごと》を語り、悪事をしていない人に罪《つみ》をかぶせるだろう。

疫病《えきびょう》が流行し、彗星《すいせい》〈注7〉が何度も出て、二つの太陽が並《なら》んで現《あらわ》れ、日食・月食が不規則《ふきそく》に起こり〈注8〉、黒い虹《にじ》や白い虹が不吉《ふきつ》な前兆《ぜんちょう》として出現《しゅつげん》し、星が流れ地が動き、井戸《いど》の中から音がし、時季《じき》はずれの暴雨《ぼうう》・悪風が発生し、常《つね》に飢饉《ききん》に遭《あ》って苗《なえ》も成長せず実《み》も生《な》らず、外部の敵対者《てきたいしゃ》の侵略《しんりゃく》が多くあって、国内の人民《じんみん》はさまざまな苦悩《くのう》を受け、その土地には望《のぞ》ましい場所がなくなるだろう」以上。

経文⑵　大集経《だいじっきょう》

大集経《だいじっきょう》〈注9〉にはこうある。

「（難看王《なんかんおう》の時代に）仏法が本当に消《き》えうせてしまったので、出家者《しゅっけしゃ》の鬚《ひげ》・髪《かみ》・爪《つめ》は皆《みな》長く伸《の》び、さまざまな教えもまた忘《わす》れられてしまった。

その時、大空から起こった大きな音が大地を震《ふる》わせ、動かないものは何もなく、まるで水車が回転するようである。城壁《じょうへき》は破《やぶ》れ落《お》ち、家々はことごとく壊《こわ》れてばらばらになり、木々の根《ね》・枝《えだ》・葉《は》・花びら・果実《かじつ》・薬効成分《やっこうせいぶん》がなくなった。

ただ浄居天《じょうごてん》〈注10〉だけを除《のぞ》いて、欲界《よっかい》〈注11〉のあらゆるところの七味《しちみ》・三精《さんしょう》気《け》〈注12〉はすっかりなくなってしまった。解脱《げだつ》〈注13〉のためのさまざまな善《よ》い教えは、その時に一切《いっさい》なくなった。

生じる花・果実《かじつ》の味わいは乏《とぼ》しくまたおいしくない。あらゆる井戸《いど》・泉《いずみ》・池は、すべて枯《か》れ果《は》てて、土地はことごとく塩をふき、大きくひび割《わ》れて丘《おか》や谷になった。山々は皆《みな》ぼうぼうと燃《も》え神々《かみがみ》や竜《りゅう》は雨を降《ふ》らさない。穀物《こくもつ》の苗《なえ》も皆枯れ、生《は》えたものは皆だめになって他の草もまったく生えない。空から土が降《ふ》ってきて真《ま》っ暗闇《くらやみ》となり、日や月も明るさを失《うしな》った。四方《しほう》が皆干《みなかん》ばつとなりさまざまな不吉《ふきつ》な前兆《ぜんちょう》が何度も現《あらわ》れる。

十種《じっしゅ》の善《よ》くない行《おこな》い〈注14〉や貪《むさぼ》り・瞋《いか》り・癡《おろ》かさがますます増大《ぞうだい》して、衆生《しゅじょう》は、自《みずか》らを生んだ父母に対し、田畑を荒《あ》らすノロジカや鹿《しか》のように恩知《おんし》らずな態度《たいど》をとる。衆生の数は減《へ》り、その寿命《じゅみょう》・体力・威徳《いとく》・安楽も減り、人界《にんかい》・天《てん》界《かい》の安楽な状態《じょうたい》から遠ざかり、皆悪道《みなあくどう》に堕《お》ちた。

このような悪い行《おこな》いの悪王・悪僧《あくそう》が、私（釈尊《しゃくそん》）の正法を破壊《はかい》し、天界《てんかい》・人界《にんかい》に生まれる衆生《しゅじょう》を減《へ》らすだろう。衆生に同情《どうじょう》を寄《よ》せるはずの神々《かみがみ》や王たちは、この混乱《こんらん》した国を棄《す》ててみな別《べつ》の所に向かってしまうだろう」以上。

経文（3）仁王経《にんのうきょう》

仁王経《にんのうきょう》〈注15〉にはこうある。

「国土が乱《みだ》れるような時にはまず鬼神《きじん》が乱れる。鬼神が乱れるので万民《ばんみん》が乱れる。

外敵《がいてき》が襲来《しゅうらい》して国を侵略《しんりゃく》し、多くの国民が亡《な》くなり、大臣《だいじん》たちは太子を君主とし〈注16〉、王子や役人たちは共《とも》に激《はげ》しく言《い》い争《あらそ》いをするだろう。

天地《てんち》に異変《いへん》があり、二十八宿《にじゅうはっしゅく》（黄道付近《こうどうふきん》の二十八の星座《せいざ》）や星の軌道《きどう》、日や月は、適切《てきせつ》な時に運行せず、大きさや明るさが異常《いじょう》で、外敵《がいてき》の出現《しゅつげん》がしばしば起こるだろう」

またこうある。

「私（釈尊《しゃくそん》）が、今、五眼《ごげん》〈注17〉ではっきりと三世《さんぜ》を見てみると、すべての国王は皆《みな》、過去世《かこせ》で五百の仏に仕《つか》えた功徳《くどく》によって皇帝《こうてい》・王・主君となることができたのである。そうであるから、すべての聖人《しょうにん》・阿羅漢《あらかん》〈注18〉はその国土の中に生まれきて人々に大きな利益《りやく》を与《あた》えるのである。

もし王の福が尽《つ》きる時には、すべての聖人《しょうにん》が、皆《みな》それ故《ゆえ》にその国を捨《す》て去《さ》るだろう。もしすべての聖人が去る時には、七難《しちなん》が必《かなら》ず起こる」以上。

薬師経《やくしきょう》の七難《しちなん》を示す

薬師経《やくしきょう》〈注19〉にはこうある。

「もしクシャトリヤに属《ぞく》し灌頂《かんじょう》を受けて正式に王位《おうい》に就《つ》いた王たち〈注20〉に災難《さいなん》が起こるような時には、いわゆる人衆疾疫《にんしゅしつえき》（人々が疫病《えきびょう》に襲《おそ》われる）の難《なん》、他国《たこく》侵逼《しんぴつ》（他国から侵略《しんりゃく》される）の難、自界叛逆《じかいほんぎゃく》（国内で反乱《はんらん》が起こる）の難、星宿変怪《しょうしゅくへんげ》（星々の異変《いへん》）の難、日月薄蝕《にちがつはくしょく》（太陽・月が翳《かげ》ったり蝕《しょく》したりする）の難、非時風雨《ひじふうう》（季節外《きせつはず》れの風雨）の難、過時不雨《かじふう》（季節になっても雨が降《ふ》らず干《かん》ばつになる）の難という災難が起こるだろう」以上。

仁王経《にんのうきょう》の七難《しちなん》を示す

仁王経《にんのうきょう》にはこうある。

「大王よ。私（釈尊《しゃくそん》）が今《いま》教えを説《と》いて導《みちび》いているこの世界には百億《おく》の須弥山《しゅみせん》と百億の日と月があり、その一々の須弥山のふもとにそれぞれ四つの大陸《たいりく》がある。そのうち南の閻浮提《えんぶだい》〈注21〉には、十六の大国《だいこく》、五百の中国《ちゅうこく》、一万の小国《しょうこく》がある。その国土の中に七つの恐《おそ》ろしい災難《さいなん》がある。あらゆる国王は、この災難のために（中略）〈注22〉どのようなことが災難であるのか。

日や月が異変《いへん》を起《お》こし、季節《きせつ》が逆行《ぎゃっこう》し、あるいは赤い日が出て、黒い日が出て、二・三・四・五の日が出て、あるいは日食が起こって光がなく、あるいは太陽に一重、二・三・四・五重の輪《わ》が現《あらわ》れる。これらを第一の難《なん》とする。

二十八宿《にじゅうはっしゅく》が異変《いへん》を起こし、金星・彗星《すいせい》・輪星《りんせい》・鬼星《きせい》・火星・水星・風星・刀《とう》星《せい》〈注23〉・南斗《なんじゅ》・北斗《ほくと》・五つの惑星《わくせい》・あらゆる国主星《こくしゅせい》・三公星《さんこうせい》・百官星《ひゃっかんせい》、このようなあらゆる星も同様に変異《へんい》を示すのを第二の難《なん》とする。

大火が国土を焼《や》き、万民《ばんみん》を焼《や》き尽《つ》くす。あるいは鬼火《きか》・竜火《りゅうか》・天火《てんか》・山神《さんじん》火《か》・人火《にんか》・樹木火《じゅもくか》・賊火《ぞくか》がある。このような異変《いへん》を第三の難《なん》とする。

大水が民衆《みんしゅう》を漂流《ひょうりゅう》・沈没《ちんぼつ》させ、季節《きせつ》が逆行《ぎゃっこう》し、冬に雨が降《ふ》り、夏に雪が降る。冬の季節に稲妻《いなずま》が走り雷《かみなり》が鳴《な》り、真夏の六月に氷《こおり》・霜《しも》・雹《ひょう》が降る。赤い水・黒い水・青い水が降り、土や石が山のように降り、砂《すな》・礫《つぶて》・石が降る。大《たい》河《が》が逆流《ぎゃくりゅう》し、山を浮《う》かべ石を流す。このような異変《いへん》の時を第四の難《なん》とする。

激《はげ》しい風が万民《ばんみん》を吹《ふ》き殺《ころ》し、国土の山河《さんが》・樹木《じゅもく》はたちまちなくなってしまう。季節外《きせつはず》れの激《はげ》しい風・黒い風・赤い風・青い風・天風・地風・火風・水風が吹く。このような異変《いへん》を第五の難《なん》とする。

天地・国土をひどい日照《ひで》りが襲《おそ》い火炎《かえん》が燃《も》え盛《さか》り、あらゆる草が枯《か》れ果《は》てて五穀《ごこく》〈注24〉が実《みの》らない。土地が真《ま》っ赤《か》に燃えて万民《ばんみん》が滅《ほろ》び去《さ》ってしまう。このような異変《いへん》の時を第六の難《なん》とする。

四方《しほう》の外敵《がいてき》が来《きた》って国の内外を侵《おか》す。敵対者《てきたいしゃ》はさらに火賊《かぞく》・水賊《すいぞく》・風賊《ふうぞく》・鬼《き》賊《ぞく》を起こす。民衆《みんしゅう》は無秩序《むちつじょ》となり、戦乱《せんらん》の時代となる。このような異変《いへん》の時を第七の難《なん》とする」

大集経《だいじっきょう》の三災《さんさい》を挙《あ》げる

大集経《だいじっきょう》にはこうある。

「もし国王がいて、過去世《かこせ》で数え切れないほど生《う》まれ変わることを繰《く》り返《かえ》し、そのたびに布施《ふせ》・持戒《じかい》・智慧《ちえ》の実践《じっせん》を行《おこな》っていても、私の法《ほう》が滅《めっ》しようとするのを見ていながら、関心《かんしん》をもたず護《まも》ろうとしないなら、このように種《たね》をまいた無量《むりょう》の善根《ぜんこん》〈注25〉がことごとく失《うしな》われ、その国には三つの良《よ》からぬことがあるにちがいない。一つには穀貴《こっき》（飢饉《ききん》による穀物《こくもつ》の高騰《こうとう》）、二つには兵革《ひょうかく》（戦乱《せんらん》）、三つには疫病《えきびょう》である。

すべての善神《ぜんじん》がことごとくこの国を捨《す》て去《さ》れば、その王が命令《めいれい》しても、人々が従《したが》うことはなく、常《つね》に隣国《りんごく》に侵略《しんりゃく》されるだろう。激《はげ》しい火災《かさい》が盛《さか》んに起こり、害《がい》をもたらす風雨が多く、激流《げきりゅう》が水かさを増《ま》して、人々を押《お》し流し、親戚《しんせき》一同〈注26〉が共《とも》に反逆《はんぎゃく》する。

その王はほどなくして重病を患《わずら》い、寿命《じゅみょう》が尽《つ》きた後《のち》には大地獄《だいじごく》の中に生まれる。〈中略〉王と同様に夫人《ふじん》・太子・大臣《だいじん》・都市の首長・村の首長・将軍《しょうぐん》〈注27〉・郡《ぐん》の首長・官吏《かんり》もまたそのようになるだろう」以上。

四経《しきょう》の文《もん》により災難《さいなん》の由来《ゆらい》を結論する

四つの経の文《もん》はこのように明らかである。万人の中で誰《だれ》が疑《うたが》うだろうか。それなのに、目を閉《と》ざした輩《やから》、正しいものが分からず迷《まよ》いとまどう人々は、きちんと考えずに間違《まちが》った説《せつ》を信じてしまい、正しい教えを判別《はんべつ》することができない。それ故《ゆえ》、この国のすべての人は、仏たちとその多くの経に対して捨《す》て去《さ》る心を生じて、守ろうとする志《こころざし》がない。そこで、善神《ぜんじん》・聖人《しょうにん》は国を捨て去り、その結果、悪鬼《あっき》や仏教を否定《ひてい》する者たちが災《わざわ》いを引き起こし苦難《くなん》を招《まね》き寄《よ》せるのである。

◇注　解◇

〈注1〉【蘭室《らんしつ》】芳香《ほうこう》のある蘭（フジバカマ）がある部屋《へや》のこと。フジバカマは、古来、邪《じゃ》気《き》を払《はら》う入浴剤《にゅうよくざい》として用いられたという。また、乾燥《かんそう》したものは衣類《いるい》の虫除《むしょ》けとして用いられた。「蘭室に入る」とは、フジバカマの香《かお》りが自然《しぜん》と移《うつ》るように、優《すぐ》れた人格《じんかく》の人と交《まじ》われば、芳《かんば》しい人格になることをいう。

〈注2〉【金光明経《こんこうみょうきょう》】漢訳《かんやく》には中国・北涼《ほくりょう》の曇無讖《どんむしん》訳《やく》の金光明経四巻、唐《とう》の義浄《ぎじょう》訳《やく》の金光明《こんこうみょう》最勝王経《さいしょうおうきょう》十巻などがある。ここでは義浄訳のことで、略《りゃく》して最勝王経ともいう。懺悔《さんげ》による滅罪《めつざい》の功徳《くどく》を強調《きょうちょう》するとともに、この経を護持《ごじ》するものを、四天王《してんのう》をはじめ一切《いっさい》の諸天《しょてん》善神《ぜんじん》が加護《かご》するが、もし正法をないがしろにすれば、諸天が国を捨《す》て去《さ》って種々《しゅじゅ》の災難《さいなん》が競《きそ》い起《お》こると説《と》いている。

〈注3〉【四天王《してんのう》】古代インドの世界観《せかいかん》で、一つの世界の中央にある須弥山《しゅみせん》の四面の中腹《ちゅうふく》にある四王天の主とされる神々《かみがみ》。正法を護《まも》る。持国天王《じこくてんのう》・増長天王《ぞうじょうてんのう》・広目天王《こうもくてんのう》・毘沙門天王《びしゃもんてんのう》（多聞天王《たもんてんのう》）の四王。

〈注4〉【輪廻《りんね》の生死《しょうじ》の苦しみ】因果《いんが》の理法《りほう》に暗く煩悩《ぼんのう》に翻弄《ほんろう》されて迷《まよ》いの境涯《きょうがい》である六道《ろくどう》から抜《ぬ》け出《だ》せない苦悩《くのう》。

〈注5〉【平安な涅槃《ねはん》】仏の覚《さと》りの智慧《ちえ》を得てゆるぎない幸福を確立《かくりつ》した境涯《きょうがい》。

〈注6〉【ヤクシャ】古代インドの神話の鬼神《きじん》。漢訳《かんやく》では、音を写して「薬叉《やくしゃ》」「夜叉《やしゃ》」などとする。

〈注7〉【彗星《すいせい》】尾《お》を長く引く見かけから、ほうき星とも呼《よ》ばれる。ほうきがすべてを掃《は》き出すように、旧来《きゅうらい》のものが一掃《いっそう》されるような大変革《だいへんかく》が起こる予兆《よちょう》とされた。

〈注8〉【日食・月食が不規則《ふきそく》に起こり】古代から天文観測《てんもんかんそく》の中で日食・月食が太陽・月の運行で規則的《きそくてき》に起こることが知られていたが、それ以外に太陽や月が欠《か》けてしまうことを異変《いへん》と考えた。

〈注9〉【大集経《だいじっきょう》】中国・北涼《ほくりょう》の曇無讖《どんむしん》らが訳《やく》した大方等大集経《だいほうどうだいじっきょう》のこと。六十巻。大乗の諸《しょ》経《きょう》を集めて一部の経としたもの。国王が仏法を守護《しゅご》しないなら三災《さんさい》が起こると説《と》く。また、釈尊滅後《しゃくそんめつご》に正法が衰退《すいたい》していく様相を五百年ごとに五つに区分する「五五百歳《ごごひゃくさい》」を説《と》き、これが日蓮大聖人の御在世《ございせ》当時の日本において、釈尊滅後《しゃくそんめつご》二千年以降《いこう》を末法《まっぽう》とする根《こん》拠《きょ》とされた。

〈注10〉【浄居天《じょうごてん》】天界《てんかい》の内の色界《しきかい》の最上《さいじょう》にある天。

〈注11〉【欲界《よっかい》】あらゆる生命が誤《あやま》った欲望《よくぼう》・迷《まよ》いから輪廻《りんね》を繰《く》り返《かえ》す苦悩《くのう》の世界。

〈注12〉【七味《しちみ》・三精気《さんしょうけ》】「七味」とは、甘《あま》い・辛《から》い・酸《す》っぱい・苦《にが》い・塩《しょ》っぱい・渋《しぶ》い・淡《あわ》いの七種《しゅ》の味。「三精気」とは、大地精気《だいじしょうけ》（大地が植物を育《はぐ》む力《ちから》）・衆生精気《しゅじょうしょうけ》（自他《じた》を利し育む力）・正法精気（人々に得道《とくどう》させる力）。

〈注13〉**【解脱《げだつ》】**苦悩《くのう》に満《み》ちた生死《しょうじ》からの解放《かいほう》。

〈注14〉**【十種《じっしゅ》の善《よ》くない行《おこな》い】**御書本文は「十不善業《じゅうふぜんごう》の道《どう》」（一八㌻）。最《もっと》も悪い行いとして、身《しん》に三、口《く》に四、意《い》に三の十種がある。これを十不善業という。殺生《せっしょう》・偸盗《ちゅうとう》・邪婬《じゃいん》・妄語《もうご》（うそをつく）・綺語《きご》（お世辞《せじ》をいう）・悪口《あっく》・両舌《りょうぜつ》（二枚舌《にまいじた》を使う）・貪欲《とんよく》・瞋恚《しんに》（いかり）・愚癡《ぐち》（おろかさ）または邪見《じゃけん》の十種。

〈注15〉**【仁王経《にんのうきょう》】**漢訳《かんやく》には二種《しゅ》あるが、ここでは中国・後秦《こうしん》の鳩摩羅什《くまらじゅう》が訳《やく》した仁王般若《にんのうはんにゃ》波羅蜜経《はらみつきょう》のこと。二巻。この経を読誦供養《どくじゅくよう》することで、七難《しちなん》から免《まぬか》れることを説《と》いている。

〈注16〉**【大臣《だいじん》たちは太子《たいし》を君主《くんしゅ》とし】**御書本文は「臣《しん》・君《くん》・太子」（一九㌻）。読み下しを「臣は太子を君とす」に改《あらた》めて現代語訳した。

〈注17〉**【五眼《ごげん》】**物事を見る眼を五種類に立て分けたもの。仏は五眼すべてをそなえてあらゆる人々を救済《きゅうさい》する。①肉眼《にくげん》（人間の肉体にそなわった眼《まなこ》）②天眼《てんげん》（昼夜遠近を問わず見ることができる天人《てんにん》の眼。禅定《ぜんじょう》を修《おさ》めた人がこれを得《え》る）③慧眼《えげん》（万物には固定的な実体などないという空《くう》の法理《ほうり》に立って物事を判断《はんだん》する二乗《にじょう》の智慧《ちえ》の眼）④法眼《ほうげん》（衆生《しゅじょう》を救《すく》うために一切《いっさい》の事物《じぶつ》・事象《じしょう》を判断する菩薩《ぼさつ》の智慧の眼）⑤仏眼《ぶつげん》（一切の事物・事象を三世十方《さんぜじっぽう》にわたって見通す仏の智慧の眼）。

〈注18〉**【阿羅漢《あらかん》】**サンスクリットのアルハトの主格アルハンの音写。声聞《しょうもん》の修行《しゅぎょう》の階位《かいい》の第四で、その最高《さいこう》の覚《さと》りの境地《きょうち》。

〈注19〉**【薬師経《やくしきょう》】**漢訳《かんやく》には四種《しゅ》あるが、ここでは中国・唐《とう》の玄奘《げんじょう》が訳《やく》した薬師瑠璃光如来《やくしるりこうにょらい》本願功徳経《ほんがんくどくきょう》のこと。一巻。仏が文殊菩薩《もんじゅぼさつ》に対して薬師如来《やくしにょらい》の功徳《くどく》を説《と》く。薬師如来に供養《くよう》すれば七難《しちなん》を逃《のが》れ、国が安穏《あんのん》になることを説《と》いている。その内容《ないよう》から、日本では護国経典《ごこくきょうてん》として尊重《そんちょう》された。

〈注20〉**【クシャトリヤに属《ぞく》し……王たち】**御書本文は「刹帝利《せっていり》・灌頂王等《かんじょうおうとう》」（一九ページ）。読み下しを「刹帝利の灌頂王等」と改《あらた》める。刹帝利は、サンスクリットのクシャトリヤの音写。古代インドの身分制度《みぶんせいど》における王族階級《おうぞくかいきゅう》。灌頂王とは灌頂を受けて即位《そくい》した大王。

〈注21〉**【南の閻浮提《えんぶだい》】**古代インドの世界観《せかいかん》において、世界の中心とされる須弥山《しゅみせん》の南方にある大陸《たいりく》。他の東西北の三方と異《こと》なり、仏法に縁《えん》のある場所とされる。現代の地理観《ちりかん》ではインド亜大陸《あたいりく》に相当するが、仏教では人間世界の全体を意味するものと考えられている。単《たん》に閻浮提、あるいは一閻浮提ともいう。

〈注22〉**【この災難《さいなん》のために（中略）】**御書本文は「是《これ》を難《なん》と為《な》すが故《ゆえ》に」（一九ページ）。御真筆《ごしんぴつ》は「為是難故」。読み下しを「是の難の為《ため》の故に」と改《あらた》めて現代語訳をした。なお、その後の「（中略）」は、御真筆には「乃至」と記《しる》されていないが、引用原典《げんてん》の仁王般若波羅蜜経《にんのうはんにゃはらみつきょう》（宋版大蔵経《そうばんだいぞうきょう》）には、御書本文で引用されていない文章《ぶんしょう》が続いているため補《おぎな》ったもの。

〈注23〉**【刀星《とうせい》】**御真筆《ごしんぴつ》、原典《げんてん》の仁王経《にんのうきょう》ともに「刀星」。吉蔵《きちぞう》（嘉祥《かじょう》）の『仁王般若経疏《にんのうはんにゃきょうしょ》』も

「刀星」となっている。中国の正史である二十四史（あるいは『新元史』を加えた二十五史）の『隋書《ずいしょ》』巻《まき》二十、『宋書《そうしょ》』巻二十六にも「刀星」の文字が見られる。

〈注24〉【五穀《ごこく》】五つの主要《しゅよう》な穀物《こくもつ》。時代・地域《ちいき》で異《こと》なるが、日本では、米・ムギ・アワ・キビ・豆をさすことが多い。

〈注25〉【善根《ぜんこん》】善《よ》い報《むく》いを生み出す原因を根《ね》に譬《たと》えたもの。

〈注26〉【親戚《しんせき》一同】御書本文は「内外の親戚」（二〇ページ）。御真筆《ごしんぴつ》も「内外親戚」。引用原典《げんてん》は「内外親信」で「内外の親交・信頼《しんらい》ある者」の意。ここでは、御真筆に基づき、現代語訳した。日寛上人《にちかんしょうにん》の『文段《もんだん》』では、「内親《ないしん》」「外戚《がいせき》」と解《かい》し、「父方・母方両方の親類」と注《ちゅう》釈《しゃく》している（文段集二〇ページ）。

〈注27〉【村の首長・将軍《しょうぐん》】御書本文は「柱師」（二〇ページ）。引用原典《げんてん》の大集経《だいじっきょう》（宋版大蔵《そうばんだいぞう》経《きょう》）は「村主将師《そんしゅしょうすい》」である。その誤写《ごしゃ》・誤伝《ごでん》と考え、「村主・将師」として現代語訳した。日寛上人《にちかんしょうにん》は『文段《もんだん》』で「村主・将師」という文として注釈《ちゅうしゃく》している（文段集二〇ページ）。

第3段　謗法《ほうぼう》が亡国《ぼうこく》の原因であることを明かす

（御書二一〇ジペー十四行目～二一一ジペー十六行目）

仏法が栄《さか》えていることから反論《はんろん》する

旅人《たびびと》は顔色を変《か》えて怒《いか》っていう。

後漢《ごかん》の明帝《めいてい》〈注1〉は金色に輝《かがや》く人の夢を見たことに示唆《しさ》を受け、白馬によって伝《つた》えられた仏教を得《え》て、上宮太子《じょうぐうたいし》〈注2〉は物部守屋《もののべのもりや》〈注3〉の反逆《はんぎゃく》を処罰《しょばつ》して四天王寺《してんのうじ》の寺塔《じとう》を建立《こんりゅう》した。それ以来、天皇《てんのう》から庶民《しょみん》に至《いた》るまで、仏像《ぶつぞう》を崇《あが》め経文を記《しる》した巻物《まきもの》を一心《いっしん》に信仰《しんこう》している。そうであるから、比叡山《ひえいざん》（延暦寺《えんりゃくじ》）〈注4〉、南都《なんと》（奈良《なら》）の諸寺《しょじ》〈注5〉、園城寺《おんじょうじ》〈注6〉、東寺《とうじ》〈注7〉をはじめ、四方《しほう》を海に囲《かこ》まれ五畿七道《ごきしちどう》からなる日本〈注8〉のどこでも、仏の経は星がちりばめられているようにあちこちに安置《あんち》され、寺院《じいん》は雲が空に広がるようにいたるところに設《もう》けられている。鶖子《しゅうし》（舎利弗《しゃりほつ》）〈注9〉の一門は霊鷲山《りょうじゅせん》〈注10〉に出る月を観想《かんそう》し、鶴勒《かくろく》〈注11〉の弟子《でし》たちも鶏足山《けいそくせん》〈注12〉で禅定《ぜんじょう》に入《はい》った迦葉《かしょう》〈注13〉の遺《のこ》した伝統《でんとう》を伝《つた》えている。誰《だれ》が釈尊《しゃくそん》一代の教えを軽《かろ》んじ仏法僧《ぶっぽうそう》の三宝《さんぽう》の伝統を断絶《だんぜつ》させていると言うのだろうか。もしその根拠《こんきょ》があるなら、詳《くわ》しくその理由を聞こう。

世の中の人々が法の正邪《せいじゃ》を知らないことを示す

主人が納得《なっとく》させようとしていう。

仏像《ぶつぞう》を安置《あんち》した堂《どう》も経典を納《おさ》めた蔵《くら》もたくさん立ち並《なら》んでおり、僧《そう》は竹や葦《あし》、稲《いね》や麻《あさ》のように大勢《おおぜい》いる。そうしたものを尊崇《そんすう》することは長年にわたり、尊敬《そんけい》は日々に新たであった。しかし、法師《ほっし》は人に媚《こ》びて自分の心を曲げて迎合《げいごう》し人々を惑《まど》わせ、王も臣下《しんか》も愚《おろ》かで正邪《せいじゃ》を判断《はんだん》できていないのである。

仁王経《にんのうきょう》などによって悪侶《あくりょ》を明かす

仁王経《にんのうきょう》にはこうある。

「悪僧《あくそう》らは、名声と利益《りえき》を多く求《もと》め、国王・太子・王子の前で、仏法を破壊《はかい》し国を破滅《はめつ》させる原因となる教えを自《みずか》ら説《と》くだろう。その王は正邪《せいじゃ》を区別《くべつ》できず彼らの言葉を正しいものと認《みと》め、好《す》き勝手《かって》に法律《ほうりつ》や制度《せいど》を作って仏の戒《いまし》めに基《もと》づかない。これを仏法破壊・国家破滅の原因とするのである」以上。

涅槃経《ねはんぎょう》〈注14〉にはこうある。

「菩薩《ぼさつ》は凶暴《きょうぼう》な象《ぞう》などに対しては心に恐怖《きょうふ》を懐《いだ》くことはないが、悪知識《あくちしき》〈注15〉に対しては恐怖の心を生じるのである。それは、凶暴な象に殺されても地《じ》獄《ごく》など三悪道《さんあくどう》〈注16〉にいたることはないが、悪知識に殺されると必《かなら》ず三悪道にいたるからである」〈注17〉以上。

法華経を引いて悪侶《あくりょ》を明かす

法華経にこうある。

「悪い時代の僧《そう》は、悪智慧《わるぢえ》が働《はたら》き、人に媚《こ》びて自分の心を曲げて迎合《げいごう》し、覚《さと》りをまだ得《え》ていないのに『得た』と思って、自分が優《すぐ》れているとおごる慢心《まんしん》に満《み》ち満《み》ちているでしょう。あるいは、人里離《ひとざとはな》れた場所で修行《しゅぎょう》する者〈注18〉で、粗末《そまつ》な衣《ころも》〈注19〉を身にまとい、人が住んでいない場所にいて、自分では慎《つつし》み深《ぶか》い行動をしていると思い、俗世間《ぞくせけん》の人々を軽蔑《けいべつ》する者がいるでしょう。布施《ふせ》に執着《しゅうちゃく》して、在家《ざいけ》の人々〈注20〉に法《ほう》を説《と》いている。世間の人々から厚《あつ》く敬《うやま》われるさまは、まるで六種《ろくしゅ》の神通力《じんずうりき》を習得《しゅうとく》した阿羅漢《あらかん》〈注21〉のようです。〈中略〉常《つね》に人々の中にいて、私たちを非難《ひなん》しようとするからです〈注22〉。

国王や大臣《だいじん》、バラモン〈注23〉や家長〈注24〉およびその他の僧《そう》らに向かって、私たちを誹謗《ひぼう》し、悪人であると説《と》き、私たちのことを誤《あやま》った考えの人であり、仏教以外の教えを説いていると言うでしょう。（中略）世界全体が混乱《こんらん》する悪い時代には、多くの恐《おそ》ろしいことがあるでしょう。悪鬼《あっき》が悪僧《あくそう》らの身に入《はい》って、私たちを罵《ののし》り、中傷《ちゅうしょう》するでしょう。（中略）混乱《こんらん》した時代の悪僧《あくそう》は、仏が方便《ほうべん》を用《もち》いて人々の受容能力《じゅようのうりょく》に合わせて法を説《と》くことを知らないで、私たちに悪口《わるくち》を浴《あ》びせ、顔をしかめるでしょう。そして、私たちはたびたび追い出されるでしょう」（勧持品《かんじほん》）以上。

涅槃経《ねはんぎょう》を引いて悪侶《あくりょ》を明かす

涅槃経《ねはんぎょう》にはこうある。

「私（釈尊《しゃくそん》）が亡《な》くなった後《のち》、数え切れないほどの歳月《さいげつ》が過《す》ぎて、四段階《よんだんかい》の仏道修行《どうしゅぎょう》上の覚《さと》りをそれぞれ得《え》た聖人《しょうにん》たち〈注25〉もことごとく亡くなるだろう。正しい教えが滅《ほろ》びた後、像法《ぞうほう》の時代〈注26〉に、次のような僧《そう》が現《あらわ》れるだろう。

見た目には戒律《かいりつ》を守っているようであるが、少しばかり経典を読誦《どくじゅ》しては、布《ふ》施《せ》として手に入《い》れた飲食《いんしょく》を貪《むさぼ》り、わが身を養《やしな》っている。袈裟《けさ》〈注27〉を着ているといっても、まるで猟師《りょうし》のようであり、注意深《ちゅういぶか》く目を配りそっと歩くさまは、猫《ねこ》が鼠《ねずみ》を狙《ねら》うようである。

そしていつもこう言う。『私は阿羅漢《あらかん》の境地《きょうち》を得《え》た』と。外見は、賢人《けんじん》・善《ぜん》人《にん》の姿《すがた》であるが、内には激《はげ》しい欲望《よくぼう》を抱《いだ》いている。無言《むごん》の行《ぎょう》をしているバラモンなどのようである。実際《じっさい》は出家修行者《しゅっけしゅぎょうしゃ》〈注28〉ではないのに出家修行者の格好《かっこう》をし、誤《あやま》った考えに満《み》ちていて、正しい教えを誹謗《ひぼう》するだろう」以上。

経文に即《そく》して世の中を見てみると、実《じつ》にこのとおりである。悪僧《あくそう》を制止《せいし》しないで、どうして善事《ぜんじ》を成《な》し遂《と》げることができるだろうか。

◇注　解◇

〈注1〉【明帝《めいてい》】中国の後漢《ごかん》第二代孝明皇帝《こうめいこうてい》（二八年～七五年、在位五七年～七五年）のこと。中国に仏教が伝来《でんらい》したのは、孝明皇帝によると伝《つた》えられていた。『仏祖統紀《ぶっそとうき》』巻《まき》三十五には明帝七年の箇所《かしょ》に、帝《みかど》は丈六《じょうろく》の金人が項《うなじ》に日光を帯《お》び、庭《にわ》を飛行《ひこう》するのを夢に見て群《ぐん》臣《しん》に尋《たず》ねた時、太史《たいし》・傅毅《ふき》が進み出て、周《しゅう》の昭王《しょうおう》の時代に西方《せいほう》に聖人《しょうにん》が出現《しゅつげん》し、その名を仏というと聞いていると進言した。そこで帝は、使者を遣《つか》わし西域《さいいき》に仏道《ぶつどう》を求《もと》めさせた。一行《いっこう》は大月氏国《だいがっしこく》で摩騰迦《まとうが》と竺法蘭《じくほうらん》に会い、仏像並《ぶつぞうなら》びにサンスクリットの経典六十万言を得《え》て、それを白馬に乗《の》せ、摩騰迦と竺法蘭とともに、永平《えいへい》十年（六七年）に洛陽《らくよう》に帰った。帝は大いに喜《よろこ》び、摩騰迦をまず鴻臚寺《こうろじ》に迎《むか》え、次いで永平十一年（六八年）に、勅令《ちょくれい》して、洛陽の西に白馬寺《はくばじ》を建《た》てて仏教を流布《るふ》させたと伝えられる。

〈注2〉【上宮太子《じょうぐうたいし》】五七四年～六二二年。飛鳥《あすか》時代の政治家。厩戸皇子《うまやどのおうじ》・豊聡耳皇子《とよとみみのみこ》・上宮王《じょうぐうおう》ともいう。聖徳太子《しょうとくたいし》とは後代における呼称《こしょう》。用明天皇《ようめいてんのう》の第二皇子。四天王寺《してんのうじ》や法隆寺《ほうりゅうじ》を造営《ぞうえい》し、法華経・勝鬘経《しょうまんぎょう》・維摩経《ゆいまきょう》の注釈書《ちゅうしゃくしょ》である三経義疏《さんきょうぎしょ》を作ったと伝《つた》えられている。これらの業績《ぎょうせき》が、実際《じっさい》に聖徳太子自身の手によるものであるか否《いな》かは、今後の研究《けんきゅう》に委《ゆだ》ねられている。ただし、妃《ひ》の橘大郎女《たちばなのおおいらつめ》に告《つ》げた、「世間は虚仮《こけ》なり、唯《ただ》、仏のみ是《こ》れ真なり」

という太子の言葉が残《のこ》されていて、ここから仏教への深い理解とたどり着いた境地《きょうち》がうかがわれる。

〈注3〉【物部守屋《もののべのもりや》】?～五八七年。飛鳥時代《あすかじだい》の中央貴族《きぞく》。敏達《びだつ》・用明天皇《ようめいてんのう》の時代に大連《おおむらじ》となり、父の尾輿《おこし》の排仏論《はいぶつろん》を受けて、崇仏派《すうぶつは》の蘇我馬子《そがのうまこ》と対立したとされる。

〈注4〉【比叡山《ひえいざん》(延暦寺《えんりゃくじ》)】日本天台宗《てんだいしゅう》の総本山《そうほんざん》。朝廷《ちょうてい》の庇護《ひご》を受け、また法華円頓戒壇《ほっけえんどんかいだん》をもち僧侶《そうりょ》の養成《ようせい》の機関《きかん》となり、多大な影響力《えいきょうりょく》をもった。

〈注5〉【南都《なんと》(奈良《なら》)の諸寺《しょじ》】奈良時代に確立《かくりつ》した諸宗《しょしゅう》の寺院。総国分寺《そうこくぶんじ》の東大寺《とうだいじ》、藤原氏《ふじわらし》の氏寺《うじでら》である興福寺《こうふくじ》などの七大寺《しちだいじ》をはじめとする諸寺が、日蓮大聖人の御在世《ございせ》当時、荘園《しょうえん》寄付《きふ》を受けて大きな権勢《けんせい》を振《ふ》るっていた。

〈注6〉【園城寺《おんじょうじ》】天台宗寺門派《てんだいしゅうじもんは》の総本山。三井寺《みいでら》ともいう。延暦寺《えんりゃくじ》と勢力《せいりょく》を二分し争《あらそ》った。

〈注7〉【東寺《とうじ》】教王護国寺《きょうおうごこくじ》のこと。平安京《へいあんきょう》の東半分にある寺なので東寺と呼《よ》ばれる。真言《しんごん》宗《しゅう》の中核《ちゅうかく》の寺院《じいん》。東寺の長者《ちょうじゃ》は真言宗全体の最高責任者《さいこうせきにんしゃ》。

〈注8〉【四方《しほう》を海に囲《かこ》まれ五畿七道《ごきしちどう》からなる日本】御書本文は「四海《しかい》・一州《いっしゅう》・五畿《ごき》・七《しち》道《どう》」(二〇ページ)。ここでは日本全体を指《さ》す。五畿七道とは、古代日本の地方区分。五畿は山《やま》城《しろ》・大和《やまと》・河内《かわち》・和泉《いずみ》・摂津《せっつ》の畿内《きない》五カ国をいう。七道は東海《とうかい》・東山《とうざん》・北陸《ほくりく》・山陰《さんいん》・山《さん》陽《よう》・南海《なんかい》・西海《さいかい》の七道。五畿七道で日本全国の意。

〈注9〉【鷲子《しゅうし》(舎利弗《しゃりほつ》)】釈尊《しゃくそん》の十大弟子《じゅうだいでし》の一人、智慧《ちえ》第一とされる。舎利弗はサンスクリットのシャーリプトラを音写した語、鶖子は意訳《いやく》した語。

〈注10〉【霊鷲山《りょうじゅせん》】古代インドのマガダ国（現在のベンガル州《しゅう》）の首都である王舎城《おうしゃじょう》の東北にある山。サンスクリットのグリドゥラクータの意訳《いやく》。

〈注11〉【鶴勒《かくろく》】鶴勒夜奢《やしゃ》の略《りゃく》。サンスクリットのハクレーナヤシャを音写した語。釈尊《しゃくそん》の正統《せいとう》な後継者《こうけいしゃ》である付法蔵《ふほうぞう》の第二十二。

〈注12〉【鶏足山《けいそくせん》】古代インドのマガダ国の山。サンスクリットのクックタパダギリの意《い》訳《やく》。現在のガヤーとビハールとの中間にあり、クルキハールの地に当たる。

〈注13〉【迦葉《かしょう》】サンスクリットのカーシャパの音写。釈尊《しゃくそん》の十大弟子《じゅうだいでし》の一人で、頭陀《ずだ》第一といわれた。釈尊の教団《きょうだん》を支《ささ》え、釈尊滅後《めつご》の教団の中心となった。

〈注14〉【涅槃経《ねはんぎょう》】大般涅槃経《だいはつねはんぎょう》のこと。釈尊《しゃくそん》の臨終《りんじゅう》を舞台《ぶたい》にした大乗経典《だいじょうきょうてん》。曇無讖《どんむしん》訳《やく》の四十巻本（北本）と、北本をもとに改編《かいへん》した三十六巻本（南本）がある。釈尊滅後の仏教教団《きょうだん》の乱《みだ》れや正法を誹謗《ひぼう》する者を予言し、その中にあって、仏身《ぶっしん》が常住《じょうじゅう》であるとともに、あらゆる衆生《しゅじょう》に仏性《ぶっしょう》がある（一切衆生悉有仏性《いっさいしゅじょうしつうぶっしょう》）と説《と》いている。

〈注15〉【悪知識《あくちしき》】誤《あやま》った教えで人々を迷《まよ》わせ、仏道修行《ぶつどうしゅぎょう》を妨《さまた》げる者。「悪友《あくゆう》」ともいう。

〈注16〉【三悪道《さんあくどう》】三つの劣悪《れつあく》な境涯《きょうがい》。地獄界《じごくかい》・餓鬼界《がきかい》・畜生界《ちくしょうかい》をいう。

〈注17〉【「菩薩《ぼさつ》は凶暴《きょうぼう》な象《ぞう》などに……至《いた》るからである」】御真筆《ごしんぴつ》は、漢文のまま引用されている。本来の文意に従《したが》い読み下しを「菩薩は悪象《あくぞう》等に於《お》いては心に恐怖《くふ》すること無《な》く、悪《あく》知識《ちしき》に於《お》いては怖畏《ふい》の心を生《しょう》ず。悪象に殺《ころ》されては三趣《さんしゅ》に至《いた》らず、悪友《あくゆう》に殺されては必《かなら》ず三趣に至る」と改《あらた》めて現代語訳した。

〈注18〉【人里離《ひとざとはな》れた場所で修行《しゅぎょう》する者】御書本文は「阿練若《あれんにゃ》」（二一ページ）。この箇所《かしょ》の法華経原文は「或有阿練若　納衣在空閑　自謂行真道　軽賤人間者」（法華経四一八ページ）。従来《じゅうらい》は、「阿練若」をサンスクリットのアラニヤ（人里離れた場所）と解《かい》し、「或《あるい》は阿練若に……者《もの》有らん」と読み下していたが、漢文の構造上《こうぞうじょう》、「有AB」という文は、「AであってBであるものが有る（BであるAが有る）」と解するのが一般的《いっぱんてき》なので、普通《ふつう》に読めば「納《のう》衣《え》」以下の文は「阿練若」の形容句《けいようく》と考えられる（また、阿練若を場所と解すると、その後の「空閑《くうげん》」と意味が重複《ちょうふく》する）。鳩摩羅什《くまらじゅう》の漢訳経典《かんやくきょうてん》を調べると、場所をいう場合は「阿《あ》練若処《れんにゃしょ》」と記《しる》す一方、『十住毘婆沙論《じゅうじゅうびばしゃろん》』などには「作阿練若《さあれんにゃ》（阿練若となる）」という表現《ひょうげん》があり、阿練若とは「人里離れた場所で修行する行者《ぎょうじゃ》」のことと解される。以上のような理由で、本文のように現代語訳した。

〈注19〉【粗末《そまつ》な衣《ころも》】御書本文は「納衣《のうえ》」（二一ページ）。人の捨《す》てた布《ぬの》を拾《ひろ》い集めて洗濯《せんたく》し、これを縫《ぬ》いつくろって作った法衣《ほうえ》。汚《きたな》い布切《ぬのき》れを集めて作るので糞掃衣《ふんぞうえ》ともいう。

〈注20〉【在家《ざいけ》の人々】御書本文は「白衣《びゃくえ》」（二一ページ）。釈尊《しゃくそん》が存命中《ぞんめいちゅう》のインドでは、出家修《しゅっけしゅ》行者《ぎょうしゃ》が納衣《のうえ》を着ていたのに対して、一般《いっぱん》の人は白い衣《ころも》を着ていたので、白衣は在家の人々を意味するようになった。

〈注21〉**【六種《ろくしゅ》の神通力《じんずうりき》を習得《しゅうとく》した阿羅漢《あらかん》】** 御書本文は「六通《ろくつう》の羅漢《らかん》」（二一一ページ）。阿羅漢とは声聞《しょうもん》の修行《しゅぎょう》の八段階《はちだんかい》のうちの最高位《さいこうい》の阿羅漢果《あらかんか》を得《え》ている人。神足通《じんそくつう》・天眼通《てんげんつう》・天耳通《てんにつう》・他心通《たしんつう》・宿命通《しゅくみょうつう》・漏尽通《ろじんつう》という六神通《ろくじんずう》のうち、宿命通《しゅくみょうつう》までの五通《ごつう》は外道《げどう》の仙人《せんにん》でも成就《じょうじゅ》できるが、第六通《だいろくつう》（漏尽通）は阿羅漢位《あらかんい》でなければ成就できない。

〈注22〉**【常《つね》に人々の中に……非難《ひなん》しようとするからです】** ここは勧持品《かんじほん》の二十行の偈《げ》のうち、九行目に当たる。偈は四句で一行であるが、この九行目は、変則的《へんそくてき》で、前半二句は八行目の四句とともに一まとまりとなり、後半二句は十行目の四句とともに一まとまりとなっている。

このような変則《へんそく》は、十五行目にも見られ、前半二句は十四行目四句と、後半二句は十六行目四句とそれぞれ一まとまりとなっている。これはサンスクリットから翻訳《ほんやく》する際《さい》、もとの一まとまりを四句に納《おさ》めることができなかったため、起こったものと思われる。

従来《じゅうらい》、十五行目は本来の構造《こうぞう》にしたがって、理解されていたのに対して、この九行目だけが四句一行で一まとまりとして理解されて読み下されていたが、今回、本来の構造《こうぞう》にしたがって読み下しを改《あらた》め、現代語訳した。

〈注23〉**【バラモン】** 古代インドの身分制度《みぶんせいど》における最上位《さいじょうい》の階層であるブラーフマナのこと。その音写が婆羅門《ばらもん》。もともとは祭事《さいじ》を司《つかさど》る司祭者《しさいしゃ》の家柄《いえがら》であるが、後の時代には他の職業《しょくぎょう》に就《つ》く者も少なくなかった。

〈注24〉【家長】御書本文は「居士《こじ》」（二一二ジペー）。もともとは一家・一族《いちぞく》の中心者のこと。後に在家《ざいけ》の有力信仰者《しんこうしゃ》の敬称《けいしょう》に用いられるようになった。

〈注25〉【四段階《よんだんかい》の仏道修行《ぶつどうしゅぎょう》上の覚《さと》りをそれぞれ得《え》た聖人《しょうにん》たち】御書本文は「四道《しどう》の聖人《しょうにん》」（二一二ジペー）。声聞《しょうもん》の四段階の修行で、成果《せいか》としてのそれぞれの覚りを得た者をいう。

〈注26〉【像法《ぞうほう》の時代】釈尊滅後《しゃくそんめつご》、仏法がどのように受容《じゅよう》されるかについての時代区分（正法・像法・末法《まっぽう》）のうちの一つ。「像《ぞう》」とは、かたどる・似《に》ているの意味で、形式的《けいしきてき》に仏法が行われる時代をいう。教えそのものとそれを学び修行《しゅぎょう》する者は存在《そんざい》するが、覚《さと》りを開く者はいないとされる。

〈注27〉【袈裟《けさ》】サンスクリットのカシャーヤの音写で、くすんだ赤褐色《せきかっしょく》が原義《げんぎ》。ボロ布《ぬの》やくすんだ色に染《そ》めた布を継《つ》ぎ合わせて作った衣《ころも》のこと。

〈注28〉【出家修行者《しゅっけしゅぎょうしゃ》】御書本文は「沙門《しゃもん》」（二一二ジペー）。古代インドでは出家して修行に励《はげ》む者の意味で用いられ、仏教だけでなく諸宗教《しょしゅうきょう》を修行する者を指した。

第4段　謗法《ほうぼう》の元凶《げんきょう》を明かす

（御書二一ジペー十七行目～二四ジペー四行目）

謗法《ほうぼう》の人・法を尋《たず》ねる

旅人《たびびと》はそれでもわだかまりが解《と》けずにいう。

聡明《そうめい》な王は天地の道理に基《もと》づいて人々を教え導《みちび》き、聖人《しょうにん》〈注1〉は道理にかなうかどうかを見極《みきわ》めて世を治《おさ》めている。世の中の僧《そう》は天下の人々が帰依《きえ》している対象《たいしょう》である。悪僧《あくそう》に対しては聡明な王は信じない。聖人でなければ賢明《けんめい》な人が尊敬《そんけい》することはない。今、賢人《けんじん》・聖人が尊重《そんちょう》していることから、竜《りゅう》や象《ぞう》にも譬《たと》えられる立派《りっぱ》な僧侶《そうりょ》は軽《かろ》んじてよいものではないと分かるのである。どうしてあなたはいいかげんな言葉を吐《は》いて、無用《むよう》な誹謗《ひぼう》を成し、いったい誰《だれ》を悪憎と言うのだろうか。詳《くわ》しく聞こうと思う。

法然《ほうねん》の邪義《じゃぎ》、『選択集《せんちゃくしゅう》』を示す

主人がいう。

後鳥羽院《ごとばいん》〈注2〉の治世《ちせい》に法然《ほうねん》〈注3〉という者がいて『選択集《せんちゃくしゅう》』を作った。そして釈尊《しゃくそん》のすべての教えを否定《ひてい》し、十方《じっぽう》の衆生《しゅじょう》を一人残らず迷《まよ》わせた。その『選択集《せんちゃくしゅう》』にこうある。

「『道綽禅師《どうしゃくぜんじ》〈注4〉が、聖道《しょうどう》・浄土《じょうど》の二門を立て、聖道を捨《す》ててまさしく浄土に帰依《きえ》すると述《の》べている文《もん》』

『初《はじ》めに聖道門《しょうどうもん》とは、これについて二つある』〈中略〉（＝大乗経《だいじょうきょう》には顕教《けんきょう》と密教《みっきょう》、権教《ごんきょう》と実教《じっきょう》があり、道綽《どうしゃく》は顕教の大乗経と権教の大乗経という歴劫修行《りゃっこうしゅぎょう》の教えを聖道門とする）

これに準《じゅん》じて考えると、〈中略〉（聖道門《しょうどうもん》には）密教《みっきょう》の大乗経《だいじょうきょう》と実教《じっきょう》の大乗経も含《ふく》まれるだろう。そうであるから、今の真言《しんごん》・仏心《ぶっしん》（禅《ぜん》）・天台《てんだい》・華厳《けごん》・三論《さんろん》・法相《ほっそう》・地論《じろん》・摂論《しょうろん》の諸宗《しょしゅう》〈注5〉、これら八つの宗派《しゅうは》の主張《しゅちょう》は、まさしくこの聖道門にある。

曇鸞法師《どんらんほっし》〈注6〉は、『往生論註《おうじょうろんちゅう》』でこう述《の》べている。

『謹《つつし》んで竜樹菩薩《りゅうじゅぼさつ》〈注7〉の『十住毘婆沙論《じゅうじゅうびばしゃろん》』〈注8〉を調べてみるとこうある。菩薩が不退転《ふたいてん》の境地《きょうち》〈注9〉を求《もと》めるには、二種《にしゅ》の道《みち》がある。一つには難行道《なんぎょうどう》、二つには易行道《いぎょうどう》である、と』

このうち、難行道《なんぎょうどう》とは、聖道門《しょうどうもん》のことにほかならない。易行道《いぎょうどう》とは、浄土門《じょうどもん》のことにほかならない。浄土宗《じょうどしゅう》の学者は、まず、このことを知らなければならない。仮《かり》に以前《いぜん》から聖道門を学んでいる人であっても、もし浄土門に心を寄《よ》せているなら、聖道門を棄《す》てて浄土門に帰依《きえ》しなければならない」

またこうある。

「『善導和尚《ぜんどうおしょう》〈注10〉が、正《しょう》・雑《ぞう》の二行《にぎょう》を立て、雑行《ぞうぎょう》を捨《す》てて正行《しょうぎょう》に帰依《きえ》すると述《の》べている文《もん》』

第一に読誦雑行《どくじゅぞうぎょう》とは、先に述《の》べた観無量寿経《かんむりょうじゅきょう》〈注11〉などの浄土《じょうど》への往生《おうじょう》を説《と》く経を除《のぞ》いて、それ以外の大乗《だいじょう》・小乗《しょうじょう》・顕教《けんきょう》・密教《みっきょう》〈注12〉の諸経《しょきょう》を受持《じゅじ》・読誦《どくじゅ》することを、ことごとく読誦雑行と名づけるのである。

第三に礼拝雑行《らいはいぞうぎょう》とは、先に述《の》べた阿弥陀仏《あみだぶつ》を礼拝することを除《のぞ》いて、それ以外のすべての仏《ぶつ》・菩薩《ぼさつ》などと仏教以外のさまざまな神々《かみがみ》を礼拝し敬《うやま》うことを、ことごとく礼拝雑行と名づけるのである。

私見《しけん》を述《の》べると、これらの文《もん》を見るかぎり、雑行《ぞうぎょう》を捨《す》てて専《もっぱ》ら正行《しょうぎょう》を修行《しゅぎょう》しなければならない。どうして百人が百人とも往生《おうじょう》できる専修《せんじゅ》正行（正行だけを専《もっぱ》ら修行すること）を捨《す》てて、千人に一人も成仏《じょうぶつ》しない雑修雑行《ぞうしゅぞうぎょう》（雑行をまじえて修行すること）にかたくなに執着《しゅうちゃく》するだろうか。修行をする者は、よくこのことを考えよ」

またこうある。

『貞元入蔵録《じょうげんにゅうぞうろく》』〈注13〉の中に、最初《さいしょ》の大般若経《だいはんにゃきょう》六百巻から最後《さいご》の法常住経《ほうじょうじゅうきょう》までの顕教《けんきょう》・密教《みっきょう》の大乗経《だいじょうきょう》は、すべて合わせて六百三十七部、二千八百八十三巻である。これらは皆《みな》『大乗《だいじょう》を読誦《どくじゅ》する』との一句《いっく》に当然《とうぜん》、包摂《ほうせつ》される。

結論として以下のことが分かる。随他意《ずいたい》の教え〈注14〉を説《と》いている前の時には一時的《いちじてき》に定善《じょうぜん》・散善《さんぜん》〈注15〉の修行《しゅぎょう》の門を開くけれども、随自意《ずいじい》の教え〈注16〉を説いている後《のち》の時には以前とは逆《ぎゃく》に定善・散善の門を閉《と》じるのである。一《ひと》たび開いて以後、永久《えいきゅう》に閉じないのは、念仏《ねんぶつ》の一門のみである」

またこうある。

「『念仏《ねんぶつ》の行者《ぎょうじゃ》は必《かなら》ず三心《さんしん》〈注17〉を具足《ぐそく》しなければならないという文《もん》』

観無量寿経《かんむりょうじゅきょう》には次のようにある（中略）。

善導《ぜんどう》の『観無量寿経疏《かんむりょうじゅきょうしょ》』〈注18〉にはこうある。

『問うていう。もし法門《ほうもん》の理解や修行《しゅぎょう》が（浄土教《じょうどきょう》の人と）同じではなく誤《あやま》ったものを雑《ま》じえている人たちがいたとしよう。（中略）そのような浄土教以外の邪《よこしま》な異《こと》なった考えの人による批判《ひはん》を防《ふせ》ごう。（中略）あるいは道をほんの少し行《い》ったところで群賊《ぐんぞく》などが呼《よ》び返《かえ》す〈注19〉とは、別《べつ》の理解・別の修行《しゅぎょう》・悪い思想をいだいている人らを譬《たと》えているのである』

私見《しけん》を述《の》べると、（中略）また、この中に『すべての別《べつ》の理解・別の修行《しゅぎょう》・異《こと》なった学識《がくしき》の者・異なった考えの者など』と言うのは、聖道門《しょうどうもん》のことを指しているのである」以上。

また最後の結びの一句《いっく》の文《もん》にはこうある。

「そもそも、速《すみ》やかに生死《しょうじ》の苦しみを離《はな》れようとするなら、二種《にしゅ》の勝《すぐ》れた法〈注20〉の中で、ひとまず聖道門《しょうどうもん》を置《お》いておいて、浄土門《じょうどもん》を選《えら》んでその一員となれ。浄土門の一員になりたいなら、正行《しょうぎょう》・雑行《ぞうぎょう》の二つの行《ぎょう》の中で、ひとまず種々《しゅじゅ》の雑行を抛《なげう》って、正行を選《えら》んでそれに帰依《きえ》するのでなければならない」以上。

法然《ほうねん》の謗法《ほうぼう》を糾弾《きゅうだん》する

これに即《そく》して見てみると、曇鸞《どんらん》・道綽《どうしゃく》・善導《ぜんどう》の誤《あやま》りに満《み》ちた注釈《ちゅうしゃく》を引いて、聖道門《しょうどうもん》・浄土門《じょうどもん》、難行道《なんぎょうどう》・易行道《いぎょうどう》の主張《しゅちょう》を立てて、法華《ほっけ》・真言《しんごん》を含《ふく》めて総《そう》じて釈尊《しゃくそん》が生涯《しょうがい》にわたって説《と》いたという大乗経《だいじょうきょう》六百三十七部二千八百八十三巻と、すべての仏《ぶつ》・菩薩《ぼさつ》たちと仏教以外のさまざまな神々《かみがみ》などを皆《みな》、聖道門・難行道・雑行《ぞうぎょう》などの中に入《い》れて、捨《す》てたり、閉《と》じたり、閣《さしお》いたり、あるいは抛《なげう》ったりしたのである。この「捨閉閣抛《しゃへいかくほう》」の四字ですべての人々を大いに迷《まよ》わせ、さらにはインド・中国・日本の立派《りっぱ》な僧侶《そうりょ》や十方《じっぽう》の仏弟子《ぶつでし》を皆《みな》「群賊《ぐんぞく》」と呼《よ》び全員を罵《ののし》らせたのである。

手近なところでは、自《みずか》らが依拠《いきょ》する浄土三部経《じょうどさんぶきょう》〈注21〉の「五逆《ごぎゃく》の者と正法を誹謗《ひぼう》する者だけは（浄土への往生《おうじょう》から）除《のぞ》く」との法蔵比丘《ほうぞうびく》〈注22〉の誓願《せいがん》を説《と》いた経文に背《そむ》いているし、視野《しや》を広げれば、五時《ごじ》〈注23〉に分けられる釈尊《しゃくそん》のすべての教えの肝心《かんじん》である法華経の第二巻にある「もし人が信じないで、この経（法華経）を謗《そし》るなら〈中略〉その人はこの命が終わると阿鼻地獄《あびじごく》〈注24〉に堕《お》ちるだろう」（譬喩品《ひゆほん》）という警告《けいこく》の文《もん》を正しく理解していない者である。

『選択集《せんちゃくしゅう》』が謗法《ほうぼう》であると結論する

このように考えてくると、時代は末代《まつだい》に至《いた》っており、人は聖人《しょうにん》ではない。それぞれが暗い分かれ道に迷《まよ》い込《こ》んでしまい、皆《みな》が真《ま》っすぐな道を見失《みうしな》ってしまっている。なんと悲しいことだろう、無知《むち》から目覚《めざ》めないことは。なんと痛《いた》ましいことだろう、誤《あやま》った信仰心《しんこうしん》を起こして何の利益《りやく》もないことは。それ故《ゆえ》、国王から民衆《みんしゅう》に至《いた》るまでのすべての人々が、皆、経といえば浄土三部経《じょうどさんぶきょう》の外《ほか》の経はなく、仏といえば阿弥陀三尊《あみださんぞん》〈注25〉の外の仏はないと思っている。

かつては、伝教《でんぎょう》〈注26〉・義真《ぎしん》〈注27〉・慈覚《じかく》〈注28〉・智証《ちしょう》〈注29〉らが、万里《ばんり》の波濤《とう》を越《こ》えて渡《わた》した仏典《ぶってん》や、日本一国の山川《さんせん》を巡《めぐ》って求《もと》めて崇《あが》める仏像《ぶつぞう》に対しては、高い山の頂《いただき》に華界《けかい》〈注30〉を建《た》てて安置《あんち》したり、深い谷の底《そこ》に蓮宮《れんぐう》〈注30〉を起《た》てたりして大切に崇《あが》めていた。釈迦如来《しゃかにょらい》〈注31〉・薬師如来《やくしにょらい》〈注32〉の威光《いこう》が共《とも》に輝《かがや》き、その功力《くりき》を現世《げんぜ》・来世《らいせ》にもたらし、虚空蔵菩薩《こくうぞうぼさつ》〈注33〉・地蔵菩薩《じぞうぼさつ》〈注34〉が人々を教化《きょうけ》して、その利益《りやく》を今生《こんじょう》と後生《ごしょう》にわたって与《あた》えた。それ故《ゆえ》、国主は所領《しょりょう》の郡《ぐん》・郷《ごう》を寄贈《きぞう》して寺々の灯《あか》りの費用《ひよう》とし、地頭《じとう》〈注35〉は田園《でんえん》を寄進《きしん》して供養《くよう》とした。

しかし、法然《ほうねん》の『選択集《せんちゃくしゅう》』に依《よ》って、教主《きょうしゅ》である釈尊《しゃくそん》を忘《わす》れて西方《さいほう》の仏である阿弥陀如来《あみだにょらい》を貴《とうと》び、伝教大師《でんぎょうだいし》以来の伝統《でんとう》を抛《なげう》って東方世界の薬師如来《やくしにょらい》を閣《さしお》き、ひたすら四巻の浄土三部経《じょうどさんぶきょう》だけを信仰《しんこう》して、何の見返りもないのに釈尊のすべての教えの中ですばらしい経典を抛ってしまったのである。

その結果《けっか》、阿弥陀仏《あみだぶつ》の堂《どう》でなければ、誰《だれ》もが仏を供養《くよう》しようとする志《こころざし》をなくし、念仏《ねんぶつ》する者に対してでなければ、僧《そう》へ布施《ふせ》をしようとの思いをたちまち忘《わす》れてしまったのである。それ故《ゆえ》、仏堂《ぶつどう》は荒《あ》れ果《は》てて、ツメレンゲ〈注36〉が屋根《やね》の上に煙《けむり》のように生えて長い年月がたち、僧の住居《じゅうきょ》は荒廃《こうはい》して、茂《しげ》った庭《にわ》の草は露《つゆ》でしっとり濡《ぬ》れている。そのような状況《じょうきょう》にもかかわらず、それぞれが仏教教団《きょうだん》を守《まも》る心を捨《す》て、皆寺塔《みなじとう》を建設《けんせつ》しようとの思いがなくなっている。その結果、仏の教えを保持《ほじ》する立派《りっぱ》な僧侶《そうりょ》は行《い》ってしまって帰らず、守護《しゅご》の善神《ぜんじん》は去って来ることがない。これらはすべて法然《ほうねん》の『選択集《せんちゃくしゅう》』が原因なのである。

なんと悲しいことだろうか。数十年の間、百千万の人が魔《ま》の働《はたら》きにたぶらかされて、ひどく仏の教えに迷《まよ》っている。謗法《ほうぼう》の教えを好《この》んで〈注37〉正法を忘《わす》れている。善神《ぜんじん》は怒《いか》りを起こさないだろうか。円満《えんまん》な教えを捨《す》てて偏頗《へんぱ》な教えを好んでいる。悪鬼《あっき》がつけ入《い》る隙《すき》を得《え》ないだろうか。あのような数多くの祈《いの》りを行《おこな》うよりもこの一凶《いっきょう》を禁《きん》じるのに勝《まさ》るものはない。

◇注　解◇

〈注1〉【聖人《しょうにん》】日寛上人《にちかんしょうにん》は『文段《もんだん》』（文段集二六、二七ページ）で仏法とそれ以外の「聖人」についてそれぞれ「しょうにん」と「せいじん」と読み分けて注釈《ちゅうしゃく》しているが、大聖人《だいしょうにん》は一つの概念《がいねん》として用いられている。それ故《ゆえ》、この現代語訳では、区別《くべつ》せず「しょうにん」と読む。

〈注2〉【後鳥羽院《ごとばいん》】一一八〇年〜一二三九年。平安《へいあん》末期の動乱期《どうらんき》に起きた源平《げんぺい》の争《あらそ》いや、鎌倉幕府《かまくらばくふ》成立の時期の天皇《てんのう》・上皇《じょうこう》。

〈注3〉【法然《ほうねん》】一一三三年〜一二一二年。平安《へいあん》末期から鎌倉《かまくら》初期の浄土教《じょうどきょう》の僧《そう》。諱《いみな》は源《げん》空《くう》。口《くち》に念仏《ねんぶつ》を称《とな》える（称名念仏《しょうみょうねんぶつ》）だけで極楽浄土《ごくらくじょうど》に往生《おうじょう》できるという教えを取り上げ広めた。代表的著作《だいひょうてきちょさく》に『選択本願念仏集《せんちゃくほんがんねんぶつしゅう》（選択集《せんちゃくしゅう》）』がある。

〈注4〉【道綽禅師《どうしゃくぜんじ》】五六二年〜六四五年。中国・隋《ずい》から唐《とう》にかけての浄土教《じょうどきょう》の僧《そう》。著書《ちょしょ》に『安楽集《あんらくしゅう》』がある。

〈注5〉【今の真言《しんごん》・仏心《ぶっしん》（禅《ぜん》）・天台《てんだい》・華厳《けごん》・三論《さんろん》・法相《ほっそう》・地論《じろん》・摂論《しょうろん》の諸宗《しょしゅう》】法然《ほうねん》（源《げん》空《くう》）の時代にあった仏教の宗派《しゅうは》で、奈良《なら》時代までに伝わっていた南都六宗《なんとろくしゅう》のうち、華厳・三論・法相と、法相に摂《せっ》せられていた地論・摂論、平安《へいあん》時代はじめに伝《つた》わった天台・真言、平安末期に伝わった仏心（禅）の諸宗。

〈注6〉【曇鸞法師《どんらんほっし》】四七六年～五四二年。中国・南北朝《なんぼくちょう》時代の浄土教《じょうどきょう》の僧《そう》。著書《ちょしょ》に『往生《おうじょう》論註《ろんちゅう》』がある。

〈注7〉【竜樹菩薩《りゅうじゅぼさつ》】一五〇年～二五〇年ごろ。インドの大乗《だいじょう》の論師《ろんじ》・ナーガールジュナのこと。玄奘《げんじょう》らの新訳《しんやく》では竜猛《りゅうみょう》という。付法蔵《ふほうぞう》二十四人の一人で、大論師とされる。

〈注8〉【『十住毘婆沙論《じゅうじゅうびばしゃろん》』】竜樹《りゅうじゅ》（ナーガールジュナ）が作ったとされるが、現代では疑《うたが》いをもたれている。鳩摩羅什《くまらじゅう》が仏陀耶舎《ぶっだやしゃ》の口誦《こうしょう》に基《もと》づいて訳《やく》したと伝承《でんしょう》される。曇鸞《どんらん》が『往《おう》生論註《じょうろんちゅう》』で引用し、浄土教《じょうどきょう》に大きな影響《えいきょう》を与《あた》えた。

〈注9〉【不退転《ふたいてん》の境地《きょうち》】御書本文は「阿毘跋致《あびばっち》」（一二一ページ）。菩薩《ぼさつ》の修行《しゅぎょう》の階位《かいい》。仏道修行においてどんな誘惑《ゆうわく》や迫害《はくがい》があっても退転《たいてん》しない位《くらい》をいう。

〈注10〉【善導和尚《ぜんどうおしょう》】六一三年～六八一年。中国・唐《とう》の浄土教《じょうどきょう》の僧《そう》。主な著書《ちょしょ》に『観無量寿《かんむりょうじゅ》経疏《きょうしょ》』『往生礼讃《おうじょうらいさん》』などがある。

〈注11〉【観無量寿経《かんむりょうじゅきょう》】畺良耶舎《きょうりょうやしゃ》訳。一巻。阿弥陀仏《あみだぶつ》と極楽世界《ごくらくせかい》を対象《たいしょう》とする十六種類《しゅるい》の観《かん》想法《そうほう》を説《と》いている。法然《ほうねん》によって浄土三部経《じょうどさんぶきょう》の一つとされた。

〈注12〉【顕教《けんきょう》・密教《みっきょう》】インドの伝統的《でんとうてき》な民間信仰《みんかんしんこう》を取り入れ呪術《じゅじゅつ》や秘密《ひみつ》の儀礼《ぎれい》を実践《じっせん》の中核《かく》にすえて七世紀ごろに成立した仏教は密教と呼《よ》ばれる。これに対し、それ以前の通常《つうじょう》の仏教は顕教と呼《よ》ばれる。

〈注13〉**【『貞元入蔵録《じょうげんにゅうぞうろく》』】**『貞元新定釈教目録《じょうげんしんじょうしゃっきょうもくろく》』の略称《りゃくしょう》。後漢《ごかん》の明帝《めいてい》の永平《えいへい》十年（六七年）から唐《とう》の徳宗《とくそう》の貞元《ていげん》十六年（八〇〇年）までの七百三十四年間に翻訳《ほんやく》・著述された仏典《ぶってん》の目録《もくろく》。

〈注14〉**【随他意《ずいたい》の教え】** 仏自身が得《え》た覚《さと》りに導《みちび》くために、衆生《しゅじょう》の受容能力《じゅようのうりょく》に応《おう》じて説《と》き示す方便《ほうべん》の教え。

〈注15〉**【定善《じょうぜん》・散善《さんぜん》】** 定善とは、妄想《もうそう》・雑念《ざつねん》を止《とど》め思いを一処《いっしょ》に定めることによって得《え》られる心に住して実践《じっせん》する善行《ぜんこう》のこと。それに対して、散善とは、日常《にちじょう》の心のままで行《おこな》う善《ぜん》事《じ》で、功徳《くどく》の少ない小善《しょうぜん》をいう。

〈注16〉**【随自意《ずいじい》の教え】** 衆生《しゅじょう》の受容能力《じゅようのうりょく》にかかわらず、仏自身が得《え》た覚《さと》りにしたがってそのまま説《と》き示す教え。

〈注17〉**【三心《さんしん》】** 観無量寿経《かんむりょうじゅきょう》に説《と》かれる極楽往生《ごくらくおうじょう》するのに必要《ひつよう》とされる三種《しゅ》の心。①至誠心《しせいしん》（真実《しんじつ》に浄土《じょうど》を願《ねが》う心）②深心《じんしん》（深く浄土を願う心）③回向発願心《えこうほつがんしん》（功徳《くどく》を回向して浄土に往生しようと願う心）。

〈注18〉**【『観無量寿経疏《かんむりょうじゅきょうしょ》』】** 善導《ぜんどう》による観無量寿経の注釈書《ちゅうしゃくしょ》。

〈注19〉**【あるいは道をほんの少し行《い》ったところで群賊《ぐんぞく》などが呼《よ》び返《かえ》す】** 善導《ぜんどう》の『観無量寿《かんむりょうじゅ》経疏《きょうしょ》』の文《もん》。念仏《ねんぶつ》の修行者《しゅぎょうしゃ》が外邪異見《げじゃいけん》の難《なん》にあうことを防《ふせ》ぐため、群賊（暴漢《ぼうかん》の集団《しゅうだん》）が呼《よ》び返《かえ》してもあとを振《ふ》り返《かえ》ることなく西方《さいほう》に直進すれば、たちまち西岸《せいがん》に至《いた》り、長く諸難《しょなん》を離《はな》れるとしている。特《とく》に法然《ほうねん》は浄土三部経《じょうどさんぶきょう》によらない仏弟子《ぶつでし》をすべて群賊と呼んでいる。

〈注20〉**【二種の勝れた法】**（しゅ・すぐ・ほう）御書本文は「二種《にしゅ》の勝法《しょうぼう》」（二三二㌻）。「勝法《しょうぼう》」とは、仏の勝《すぐ》れた教えのこと。

〈注21〉**【浄土三部経《じょうどさんぶきょう》】** 浄土教《じょうどきょう》で重んじた無量寿経《むりょうじゅきょう》・阿弥陀経《あみだきょう》・観無量寿経《かんむりょうじゅきょう》の三つ。

〈注22〉**【法蔵比丘《ほうぞうびく》】** 阿弥陀仏《あみだぶつ》が菩薩《ぼさつ》として修行《しゅぎょう》していた時の名。

〈注23〉**【五時《ごじ》】** 釈尊《しゃくそん》が一代で説《と》いた教えを天台大師智顗《てんだいだいしちぎ》がその内容《ないよう》によって五期に分類《ぶんるい》したもの。華厳時《けごんじ》・阿含時《あごんじ》（鹿苑時《ろくおんじ》）・方等時《ほうどうじ》・般若時《はんにゃじ》・法華涅槃時《ほっけねはんじ》に分けた。

〈注24〉**【阿鼻地獄《あびじごく》】**「阿鼻」はサンスクリットのアヴィーチの音写で、苦しみが間断《かんだん》なく襲《おそ》ってくるとして「無間《むけん》」と漢訳された。無間地獄と同じ。五逆罪《ごぎゃくざい》や謗法《ほうぼう》といった最も重い罪を犯した者が生まれる最悪の地獄。

〈注25〉**【阿弥陀三尊《あみださんぞん》】** 浄土教《じょうどきょう》で本尊《ほんぞん》とした阿弥陀如来《にょらい》とその脇士《きょうじ》の観音菩薩《かんのんぼさつ》・勢至菩薩《せいしぼさつ》。

〈注26〉**【伝教《でんぎょう》】** 最澄《さいちょう》（七六七年あるいは七六六年～八二二年）の大師号《だいしごう》。日本天台宗《てんだいしゅう》の開《かい》創者《そうしゃ》。比叡山《ひえいざん》に延暦寺《えんりゃくじ》を建立《こんりゅう》する。

〈注27〉**【義真《ぎしん》】** 七八一年～八三三年。日本天台宗《てんだいしゅう》の僧《そう》。比叡山延暦寺《ひえいざんえんりゃくじ》の座主《ざす》。

〈注28〉**【慈覚《じかく》】** 円仁《えんにん》（七九四年～八六四年）の大師号《だいしごう》。伝教大師最澄《でんぎょうだいしさいちょう》の弟子《でし》。義真《ぎしん》・円澄《えんちょう》に続く第三代座主《ざす》。天台密教《てんだいみっきょう》（台密《たいみつ》）の実質的《じっしつてき》な創始者《そうししゃ》。

〈注29〉**【智証《ちしょう》】** 延暦寺《えんりゃくじ》第五代座主《ざす》・円珍《えんちん》（八一四年～八九一年）の大師号《だいしごう》。天台宗寺門派《てんだいしゅうじもんは》

（現在は天台寺門宗。本山は滋賀県大津市の三井《みい》にある園城寺《おんじょうじ》）の開祖《かいそ》。天台密教《てんだいみっきょう》の祖師《そし》の一人。

〈注30〉【華界《けかい》・蓮宮《れんぐう》】蓮華《れんげ》の世界、蓮華の宮殿《きゅうでん》の意。仏の世界をいったもの。

〈注31〉【釈迦如来《しゃかにょらい》】釈尊《しゃくそん》のこと。仏教の始祖《しそ》。天台宗《てんだいしゅう》が基《もと》づく法華経で示された根本の仏。

〈注32〉【薬師如来《やくしにょらい》】東方《とうほう》の浄瑠璃《じょうるり》世界に住む仏。日本では病苦を除《のぞ》くなどの現世利益《げんぜりやく》を願《ねが》う信仰《しんこう》が隆盛《りゅうせい》した。比叡山延暦寺《ひえいざんえんりゃくじ》の根本中堂《こんぽんちゅうどう》の本尊《ほんぞん》。

〈注33〉【虚空蔵菩薩《こくうぞうぼさつ》】無量《むりょう》の智慧《ちえ》と福徳《ふくとく》をそなえ、これを衆生《しゅじょう》に与《あた》え、願《ねが》いを満《み》たして救《すく》うとされた菩薩で、広く信仰《しんこう》された。

〈注34〉【地蔵菩薩《じぞうぼさつ》】インド神話における地神《ちじん》がその起源《きげん》とされ、仏教においては衆生《しゅじょう》の苦《く》を除《のぞ》いて成仏《じょうぶつ》へ導《みちび》く菩薩とされた。釈尊《しゃくそん》から忉利天《とうりてん》の衆生の前で、釈尊滅後《めつご》に弥勒菩薩《みろくぼさつ》が出現《しゅつげん》するまでの無仏《むぶつ》の世界の導師《どうし》として付嘱《ふぞく》を受けたとされる。地蔵菩薩への信仰《しんこう》は、日本の平安《へいあん》時代に末法思想《まっぽうしそう》と結《むす》びついて広まった。

〈注35〉【地頭《じとう》】鎌倉《かまくら》時代に幕府《ばくふ》によって全国に設置《せっち》され、荘園《しょうえん》などの現地《げんち》を支配《しはい》した職《しょく》。年貢《ねんぐ》の徴収《ちょうしゅう》・納入《のうにゅう》や土地の管理《かんり》、治安維持《ちあんいじ》を任務《にんむ》とする。

〈注36〉【ツメレンゲ】御書本文は「瓦松《がしょう》」（一一三ページ）。多肉植物で乾燥《かんそう》に強く瓦《かわら》の隙間《すきま》などに根ざして生える。

〈注37〉【謗法《ほうぼう》の教えを好《この》んで】御真筆《ごしんぴつ》は「好謗（謗《ぼう》を好んで）」。ただし御真筆の「謗」の字の横に他筆で「傍」の字が書き記《しる》されている。そのため「傍《ぼう》を好んで」（御書二四ジペー）と読み替《か》えていたが、「正法に対する謗法」と理解できるので、ここでは御真筆どおりに解《かい》する。

第5段　中国・日本の例を挙《あ》げて念仏《ねんぶつ》が亡国《ぼうこく》の原因と示す

（御書二四ページ五行目～二五ページ十八行目）

法然《ほうねん》の邪義《じゃぎ》に執着《しゅうちゃく》する旅人《たびびと》

旅人《たびびと》がとりわけ顔色を変《か》えて怒《いか》っていう。

私たちの根本の師《し》である釈迦牟尼仏《しゃかむにぶつ》〈注1〉が浄土三部経《じょうどさんぶきょう》をお説《と》きになって以来、曇鸞法師《どんらんほっし》は『中論《ちゅうろん》』など四論《しろん》〈注2〉の講説《こうせつ》を捨《す》ててひたすら浄土の教えに帰依《きえ》し、道綽禅師《どうしゃくぜんじ》は長大な涅槃経《ねはんぎょう》の講義《こうぎ》をやめてしまい〈注3〉西方《さいほう》浄土への往《おう》生《じょう》を目指す修行《しゅぎょう》だけを広め、善導和尚《ぜんどうおしょう》は雑行《ぞうぎょう》を抛《なげう》って阿弥陀仏《あみだぶつ》だけを信仰《しんこう》する修行を立て、恵心僧都《えしんそうず》〈注4〉は諸経《しょきょう》の要文《ようもん》を集めて念仏《ねんぶつ》という一つの修行を肝《かん》要《よう》とした。阿弥陀仏を貴《とうと》ぶことは、実《じつ》にこのようなありさまである。また極楽《ごくらく》世界へ往生《おうじょう》した人は、一体、どれだけ多くいることだろう。

その中でも法然聖人《ほうねんしょうにん》は、幼《おさな》くして天台宗《てんだいしゅう》の比叡山《ひえいざん》に登り、十七歳《さい》で天台・妙《みょう》楽《らく》の主著《しゅちょ》・六十巻《かん》〈注5〉を読破《どくは》し、同時に八宗《はっしゅう》〈注6〉を究《きわ》め、それぞれの大意《たいい》を熟知《じゅくち》したのである。その外《ほか》、あらゆる経論《きょうろん》を七遍《しちへん》も繰《く》り返《かえ》し読み、目を通さなかった注釈書《ちゅうしゃくしょ》〈注7〉はなく、その智慧《ちえ》は太陽や月に譬《たと》えられるほどで、その徳《とく》は先師《せんし》を超《こ》えていた。そのようであったけれど、まだ生死《しょうじ》の苦悩《くのう》を離《はな》れるとはどのようなことであるかがはっきりせず、涅槃《ねはん》とはどのようなことであるか分からなかった。それ故《ゆえ》、誰《だれ》にでも会って教えを請《こ》い〈注8〉、すべてを検討《けんとう》して、深く思い、先の先まで考え、その結果、諸経《しょきょう》を抛《なげう》って念仏《ねんぶつ》だけを修行《しゅぎょう》することにしたのである。その上、ある時に不思議《ふしぎ》な夢を見て〈注9〉、国の四隅《よすみ》まですべての人に教えを広めた。それ故、人々は勢至菩薩《せいしぼさつ》〈注10〉の化身《けしん》と呼《よ》んだり、善導《ぜんどう》の再誕《さいたん》として尊敬《そんけい》したりした。そうであるから、十方《じっぽう》のあらゆる階《かい》層《そう》の人が皆礼拝《みならいはい》し、全国の男女が会いに来た。それ以来、長い年月が経過《けいか》している。

それにもかかわらず、あなたは、恐《おそ》れ多いことに釈尊《しゃくそん》の教えをおろそかにし、阿弥陀仏《あみだぶつ》について説《と》いた経文を好き勝手に謗《そし》っている。どうして近年の災《わざわ》いの原因を過去《かこ》のすばらしい時代〈注11〉にあると言い、むやみに先師《せんし》を謗り、さらに聖人《しょうにん》を罵《ののし》るのか。わざわざ毛を吹《ふ》いて傷《きず》を探《さが》し求《もと》め、皮を切り取って血を流させるようなものである。昔から今に至《いた》るまで、このようなひどい発言は見たことがない。恐れおののかなければならない。慎《つつし》まなければならない。その罪《つみ》はきわめて重い。その罪に対する罰《ばつ》をどうして逃《のが》れることができようか。向かい合って座《すわ》っていることすら恐ろしい。杖《つえ》を手にして帰ろうと思う。

道理によって法然《ほうねん》の邪義《じゃぎ》を打《う》ち破《やぶ》る

主人は微笑《ほほえ》みを浮《う》かべて、旅人《たびびと》を引き止めていう。

辛《から》い蓼《たで》の葉を食べる虫は辛いことに慣《な》れており、便所《べんじょ》に長くいると臭《くさ》いことを忘《わす》れてしまうと言われている。ためになる言葉を聞いてひどい発言と思い、謗法《ほうぼう》の者を指《さ》して聖人《しょうにん》と言い、正しい師《し》を疑《うたが》って悪い僧《そう》のように思い込む。その迷《まよ》いは実《じつ》に深く、その罪《つみ》は浅《あさ》いものではない。このような事態《じたい》になった原因を聞きなさい。詳《くわ》しくその事情《じじょう》を語ろう。

(25)

釈尊《しゃくそん》の種々《しゅじゅ》の説法《せっぽう》のうち、すなわちその一生涯《いっしょうがい》にわたる五つの時期の教えの間に、先と後の区別《くべつ》を立てて、権《かり》の教えと真実《しんじつ》の教えを分ける。ところが、曇鸞《どんらん》・道綽《どうしゃく》・善導《ぜんどう》が、すっかり権《かり》の教えに執着《しゅうちゃく》して真実《しんじつ》の教えを忘《わす》れ、先に説《と》かれた教えに基《もと》づいて後に説かれた教えを捨《す》てている。まだ仏の教えを奥底《おうてい》まで究《きわ》めていない者たちである。

その中でも法然《ほうねん》は、彼ら先師《せんし》たちの流れは酌《く》んでいるが、その源《みなもと》を知らない。

その理由は何か。大乗経《だいじょうきょう》六百三十七部二千八百八十三巻、さらにあらゆる仏《ぶつ》・菩薩《ぼさつ》たちと仏教以外のさまざまな神々《かみがみ》に対して、捨閉閣抛《しゃへいかくほう》の四字〈注12〉を置《お》いて、あらゆる人々の信仰《しんこう》の心を減退《げんたい》させてしまった。自分勝手な間違《まちが》った言葉を繰《く》り広《ひろ》げるだけで、仏が説《と》かれた経典の説《せつ》をまったく見ていない。ひどいうそであり、悪口《わるくち》を言った罪《つみ》は、どのように言っても比《くら》べるものがなく、いくら責《せ》めても足りない。

人は皆《みな》そのうそを信じ、ことごとくあの『選択集《せんちゃくしゅう》』を貴《とうと》んでいる。それ故《ゆえ》、浄土三部経《じょうどさんぶきょう》を崇《あが》めてその他の多くの経を抛《なげう》ち、極楽《ごくらく》にいる阿弥陀仏《あみだぶつ》だけを信仰《しんこう》して諸仏《しょぶつ》を忘《わす》れてしまった。実《じつ》に諸仏・諸経《しょきょう》の敵《てき》であり、立派《りっぱ》な僧侶《そうりょ》や多くの人々の仇《あだ》である。この誤《あやま》った教えは、全国に広まり、十方《じっぽう》すべてに行きわたっている。

中国における亡国《ぼうこく》の先例《せんれい》を挙《あ》げる

そもそも、近年の災《わざわ》いを理由として先年を非難《ひなん》することを、あなたは強く恐《おそ》れているが、少し先例《せんれい》を引いてあなたの迷《まよ》いを晴らすことにしよう。『摩訶止観《まかしかん》』〈注13〉の第二巻に『史記《しき》』〈注14〉を引いて、「周《しゅう》〈注15〉の時代が終わるころに、髪《かみ》を結《ゆ》わず肌《はだ》をあらわにして、伝統的《でんとうてき》な作法《さほう》に従《したが》わない者がいた」と述《の》べている。

『止観輔行伝弘決《しかんぶぎょうでんぐけつ》』〈注16〉の第二巻でこの文《もん》を注釈《ちゅうしゃく》するにあたり、『春秋左氏伝《しゅんじゅうさしでん》』〈注17〉を引いて次のように述《の》べている。

「昔、平王《へいおう》〈注18〉が都《みやこ》を東に遷《うつ》した際《さい》、髪《かみ》を結《ゆ》わないままの者が野外で祭祀《さいし》を行《おこな》っているのが伊川《いせん》〈注19〉で見られた。見識《けんしき》ある者がいう。『百年も経《た》たずにこの地は異民族《いみんぞく》のものとなるだろう。伝統的《でんとうてき》な作法《さほう》が先に亡《ほろ》んでしまったのだ』と」

このことから、予兆《よちょう》が前に顕《あらわ》れ災《わざわ》いが後に到来《とうらい》するということが分かる。

また『摩訶止観《まかしかん》』には続けて以下のようにある。

「阮籍《げんせき》〈注20〉は逸才《いつざい》であったが髪《かみ》をぼうぼうにして帯《おび》を喪服《もふく》のように垂《た》らしていた〈注21〉。後に、貴族《きぞく》の子孫《しそん》が皆《みな》これを模倣《もほう》して、『奴《やっこ》』や『狗《いぬ》』などと言って人をはずかしめる者を本来あるべき境地《きょうち》に達《たっ》した者と同等とし、節度《せつど》があり慎《つつし》み深い者を田舎者《いなかものよ》呼ばわりした。これが司馬氏《しばし》〈注22〉が滅《ほろ》びる前兆《ぜんちょう》であった」以上。

また慈覚大師円仁《じかくだいしえんにん》の『入唐巡礼記《にっとうじゅんれいき》』〈注23〉を調べてみると次のようにある。

「唐《とう》の武宗皇帝《ぶそうこうてい》〈注24〉は、会昌元年《かいしょうがんねん》（八四一年）、勅令《ちょくれい》を発《はっ》して章敬寺《しょうきょうじ》の鏡霜法師《きょうぞうほっし》に諸寺《しょじ》で阿弥陀念仏《あみだねんぶつ》の教えを伝《つた》えさせた。寺ごとに三日ずつ念仏を行《おこな》い、絶《た》えることなく巡《めぐ》り続けた。

会昌《かいしょう》二年（八四二年）、回鶻国《かいこつこく》（ウイグル）〈注25〉の軍隊《ぐんたい》が、唐《とう》の国境地域《こっきょうちいき》に侵入《しんにゅう》した。同三年（八四三年）、河北《かほく》の節度使《せつどし》〈注26〉が突如《とつじょ》、乱《らん》を起こした。その後《のち》、大蕃国《だいばんこく》（チベット）〈注27〉が再《ふた》び命令《めいれい》を拒《こば》み、回鶻国が再度領地《さいどりょうち》を奪《うば》った。

戦乱《せんらん》は秦《しん》の末期《まっき》の項羽《こうう》の時代〈注28〉とほとんど変わらず、戦火《せんか》が地方を襲《おそ》っている。まして、武宗《ぶそう》は大いに仏法を破壊《はかい》し、多くの寺塔《じとう》を壊《こわ》してしまったのだから、それ以上の災難《さいなん》が起こるのは当然《とうぜん》である。乱《らん》を鎮圧《ちんあつ》することができないで、そのままついに亡《な》くなってしまった」以上、取意《しゅい》。

日本における亡国《ぼうこく》の例を挙《あ》げる

以上のことから考えてみると、法然《ほうねん》は後鳥羽院《ごとばいん》の治世《ちせい》、建仁《けんにん》年間の者である。あの院《いん》に何が起こったかは〈注29〉一目瞭然《いちもくりょうぜん》である。そうであるから、中国にも先例《せんれい》があり、わが国でも証明《しょうめい》されている。あなたは疑《うたが》ってはならない、あなたは怪《あや》しんではならない。必要《ひつよう》なことは、邪悪《じゃあく》なものを捨《す》てて善《ぜん》に帰依《きえ》し、悪の根源《こんげん》を断《た》つことだけである。

◇注　解◇

〈注1〉**【釈迦牟尼仏《しゃかむにぶつ》】**釈尊《しゃくそん》のこと。御書本文は「釈迦文《しゃかもん》」（二四㌻）。「釈迦牟尼」「釈迦文」はいずれもサンスクリットのシャーキャムニの音写で、〝シャーキャ族《ぞく》の聖者《せいじゃ》〟という意味。

〈注2〉**【四論《しろん》】**竜樹《りゅうじゅ》（ナーガールジュナ）の『中論《ちゅうろん》』『十二門論《じゅうにもんろん》』、聖提婆《しょうだいば》（アーリヤデーヴァ）の『百論《ひゃくろん》』の三つの論書《ろんしょ》に、竜樹が作ったとされる『大智度論《だいちどろん》』を加《くわ》えた四つ。

〈注3〉**【長大な涅槃経《ねはんぎょう》の講義《こうぎ》をやめてしまい】**御書本文は「涅槃の広業《こうぎょう》を閣《お》きて」（二四㌻）。もともと涅槃経を信奉《しんぽう》していた道綽《どうしゃく》が涅槃経を広く講義していたのを止《や》めたことを指す。

〈注4〉**【恵心僧都《えしんそうず》】**御書本文は「慧心僧都《えしんそうず》」（二四㌻）。御真筆《ごしんぴつ》は「恵心僧都」。一般《いっぱん》に「恵心」が用いられている。源信《げんしん》（九四二年～一〇一七年）のこと。平安《へいあん》中期の天台宗《てんだいしゅう》の僧《そう》。比叡山《ひえいざん》の恵心院に住み、権少僧都《ごんのしょうそうず》という位《くらい》を与えられたため、「恵心僧都」と通称される。『往生要集《おうじょうようしゅう》』を著《あらわ》し浄土教《じょうどきょう》を広めた。

〈注5〉**【天台《てんだい》・妙楽《みょうらく》の主著《しゅちょ》・六十巻《かん》】**天台大師智顗《てんだいだいしちぎ》の『法華玄義《ほっけげんぎ》』十巻・『法華文句《ほっけもんぐ》』十巻・『摩訶止観《まかしかん》』十巻と、それぞれに対する妙楽大師湛然《みょうらくだいしたんねん》の注釈書《ちゅうしゃくしょ》『法華玄義釈籤《ほっけげんぎしゃくせん》』十巻・『法華文句記《ほっけもんぐき》』十巻・『止観輔行伝弘決《しかんぶぎょうでんぐけつ》』十巻の合わせて六十巻。

〈注6〉【八宗《はっしゅう》】三論《さんろん》・法相《ほっそう》・華厳《けごん》・倶舎《くしゃ》・成実《じょうじつ》・律《りつ》の南都六宗《なんとろくしゅう》に天台《てんだい》・真言《しんごん》を加《くわ》えたもの。

〈注7〉【注釈書《ちゅうしゃくしょ》】御書本文は「章疏伝記《しょうじょでんき》」（二一四㌻）。いずれも経典や論書《ろんしょ》に対する注釈書。

〈注8〉【誰《だれ》にでも会って教えを請《こ》い】御書本文は「徧《あまね》く覿《み》」（二一四㌻）。「覿」は、〝面と向かって会う〟という意。

〈注9〉【ある時に不思議《ふしぎ》な夢を見て】法然《ほうねん》（源空《げんくう》）は、夢で金色《こんじき》の善導《ぜんどう》に出会って念仏《ねんぶつ》弘通《ぐつう》の印可《いんか》を受けたという。

〈注10〉【勢至菩薩《せいしぼさつ》】大きな力《ちから》を得《え》た菩薩の意で、法華経では「得大勢菩薩《とくだいせいぼさつ》」（七二㌻）と訳《やく》される。観音菩薩《かんのんぼさつ》とともに阿弥陀仏《あみだぶつ》の脇士《きょうじ》として、阿弥陀仏の向かって左に安置《あんち》され、智慧《ちえ》を象徴《しょうちょう》する。

〈注11〉【過去《かこ》のすばらしい時代】御書本文は「聖代《せいだい》」（二一四㌻）。具体的《ぐたいてき》には、法然《ほうねん》が登場した後鳥羽院《ごとばいん》の治世《ちせい》。

〈注12〉【捨閉閣抛《しゃへいかくほう》の四字】法然《ほうねん》が『選択集《せんちゃくしゅう》』で、浄土《じょうど》の教え以外のすべての教え、阿弥陀《あみだ》仏以外《ぶついがい》のあらゆる神仏《しんぶつ》を排除《はいじょ》し、捨《す》て、閉《と》じ、閣《さしお》き、抛《なげう》てと主張《しゅちょう》したことを指す。

〈注13〉【『摩訶止観《まかしかん》』】十巻。『止観』と略《りゃく》す。中国・隋《ずい》の天台大師智顗《てんだいだいしちぎ》が説《と》き、弟子の章安《しょうあん》大師灌頂《だいしかんじょう》が記《しる》した。一心三観《いっしんさんがん》・一念三千《いちねんさんぜん》の法門《ほうもん》を開《ひら》き顕《あらわ》して、それを己心《こしん》に証得《しょうとく》する修行《しゅぎょう》の方軌《ほうき》を示した書。天台大師の出世《しゅっせ》の本懐《ほんかい》とされる。

〈注14〉【『史記《しき》』】司馬遷《しばせん》による中国の歴史書《れきししょ》。

〈注15〉【周《しゅう》】古代中国の王朝《おうちょう》。鎬京《こうけい》を都《みやこ》とした西周《せいしゅう》時代（紀元前十一世紀～前七七〇年）と異民族《いみんぞく》の侵入《しんにゅう》を受けて洛邑《らくゆう》に都を移《うつ》した東周《とうしゅう》時代（紀元前七七〇年～前二五六年）に分けられる。東周の時代には、周の威光《いこう》は失《うしな》われ、諸侯《しょこう》が覇権《はけん》を争《あらそ》う春秋《しゅんじゅう》時代となった。

〈注16〉【『止観輔行伝弘決《しかんぶぎょうでんぐけつ》』】妙楽大師湛然《みょうらくだいしたんねん》による『摩訶止観《まかしかん》』の注釈書《ちゅうしゃくしょ》。

〈注17〉【『春秋左氏伝《しゅんじゅうさしでん》』】中国・春秋《しゅんじゅう》時代の魯《ろ》の左丘明《さきゅうめい》の作と伝えられる。孔子《こうし》が著《あらわ》したと伝《つた》えられる『春秋』の注解書《ちゅうかいしょ》。

〈注18〉【平王《へいおう》】生没年不詳《せいぼつねんふしょう》。周《しゅう》の第十三代の王。在位《ざいい》は紀元前七七〇年～前七二〇年。

〈注19〉【伊川《いせん》】黄河《こうが》の支流《しりゅう》である伊水《いすい》の流域《りゅういき》。河南省洛陽市伊川県《かなんしょうらくようしいせんけん》のあたり。

〈注20〉【阮籍《げんせき》】二一〇年～二六三年。中国・三国《さんごく》時代の魏《ぎ》の思想家。竹林《ちくりん》の七賢《しちけん》の一人。

〈注21〉【帯《おび》を喪服《もふく》のように垂《た》らしていた】御書本文は「散帯《さんたい》」（二一五ページ）。喪服の麻《あさ》の帯の先端《せんたん》を垂らすこと。

〈注22〉【司馬氏《しばし》】中国の三国《さんごく》時代の後、中国を統一《とういつ》した晋《しん》の帝王《ていおう》の一族。

〈注23〉【『入唐巡礼記《にっとうじゅんれいき》』】『入唐求法巡礼行記《にっとうぐほうじゅんれいぎょうき》』の略称《りゃくしょう》。天台宗《てんだいしゅう》の僧《そう》・円仁《えんにん》（慈覚《じかく》）が法を探《たん》求《きゅう》するために唐に渡航《とこう》した際《さい》の記録。

〈注24〉【唐《とう》の武宗皇帝《ぶそうこうてい》】八一四年～八四六年。中国・唐の第十五代皇帝（在位八四〇年～八四六年）。会昌《かいしょう》五年（八四五年）、大規模《だいきぼ》な仏教弾圧《だんあつ》を断行《だんこう》した。三武一宗《さんぶいっそう》の法難《ほうなん》の一つに数えられる。

〈注25〉【回鶻国《かいこつこく》（ウイグル）】中央アジアに定着したトルコ系民族《けいみんぞく》・ウイグル人が建《た》てた国。安史《あんし》の乱《らん》の平定《へいてい》のために唐《とう》に援軍《えんぐん》を送るなど強い勢力《せいりょく》を誇《ほこ》った。

〈注26〉【河北《かほく》の節度使《せつどし》】節度使は、中国の唐《とう》・五代《ごだい》の時代の軍の官職《かんしょく》。黄河《こうが》北方の河北などでは中央政府《せいふ》から独立《どくりつ》し権勢《けんせい》を振《ふ》るうようになっていった。

〈注27〉【大蕃国《だいばんこく》（チベット）】吐蕃《とばん》のこと。七世紀から九世紀に栄えたチベットの王国。しばしば唐《とう》と争《あらそ》った。

〈注28〉【秦《しん》の末期《まっき》の項羽《こうう》の時代】御書本文は「秦項《しんこう》の代」（二五ジペー）。古代中国の秦の始皇《しこう》帝《てい》の死後、国が乱《みだ》れ、楚《そ》の王である項羽《こうう》らが覇権《はけん》を争《あらそ》った。劉邦《りゅうほう》によって統一《とういつ》がなされ、漢《かん》を建《た》てた。

〈注29〉【あの院《いん》に何が起こったか】承久《じょうきゅう》の乱《らん》（一二二一年）を指す。後鳥羽院《ごとばいん》は、鎌倉幕《かまくらばく》府《ふ》から政治《せいじ》の実権《じっけん》を回復《かいふく》しようと図《はか》ったが、幕府に制圧《せいあつ》され、かえって勢力《せいりょく》を弱め、幕府の支配力《しはいりょく》が強まった。日蓮大聖人は諸御抄《しょごしょう》で、後鳥羽院ら朝廷方《ちょうていがた》がこの際《さい》に行《おこな》った真言《しんごん》による調伏祈禱《じょうぶくきとう》のせいで還著於本人《げんじゃくおほんにん》（かえって祈《いの》った本《もと》の人に効果《こうか》が出ること）の結果となったと指摘《してき》されている。

（26）

第6段　念仏《ねんぶつ》禁止《きんし》の進言《しんげん》の先例《せんれい》を挙《あ》げる

（御書二六ページ一行目〜十二行目）

法然《ほうねん》の謗法《ほうぼう》を弁護《べんご》する

旅人《たびびと》は少し気持ちが落ち着いていう。

まだあなたの主張《しゅちょう》が完全に理解できたわけではないけれども、大体の趣旨《しゅし》は分かった。とはいえ、華洛《からく》（京都《きょうと》）から柳営《りゅうえい》（鎌倉《かまくら》）に至《いた》るまで、釈迦《しゃか》の一門という門には扉《とびら》の鍵《かぎ》〈注1〉にも譬《たと》えられる人物も、仏教教団《きょうだん》を家に譬えれば棟木《むなぎ》・梁《はり》〈注2〉というべき人物もいる。しかし、これまでそうした人々が朝廷《ちょうてい》や幕府《ばくふ》に（念仏《ねんぶつ》をやめさせよという）意見を進言したことはない。あなたは賤《いや》しい身分でありながら安易《あんい》に邪悪《じゃあく》な言葉〈注3〉を吐《は》く。その主張は行《ゆ》き過《す》ぎであり、その理《り》屈《くつ》は根拠《こんきょ》がない。

仏法の衰微《すいび》を嘆《なげ》く

主人がいう。

私は、非力《ひりき》な者ではあるが、恐《おそ》れ多いことに大乗《だいじょう》を学んでいる。青蝿《あおばえ》は驥《き》（一日に千里走るという名馬）の尾《お》に付《つ》いて万里《ばんり》〈注4〉を渡《わた》り、緑の蔓草《つるくさ》は松の枝先《えださき》に掛《か》かって千尋《せんじん》〈注4〉の高さにまで伸《の》びていく。仏弟子《ぶつでし》である私は、唯一《ゆいいつ》の仏（である釈迦仏《しゃかぶつ》）の子として生まれて、諸経《しょきょう》の王（である法華経）に仕《つか》えている。どうして仏法の衰微《すいび》を見て悲しまないでいられるだろうか。

謗法呵責《ほうぼうかしゃく》の精神を説《と》く

その上、涅槃経《ねはんぎょう》にはこうある。

「もし善《よ》い出家者《しゅっけしゃ》（比丘《びく》）がいて、仏法を破壊《はかい》する者を見ていながら放置《ほうち》して、責《せ》め立てたり追い出したり罪《つみ》を数え上げて処断《しょだん》したりしなければ、この人は仏法の中の敵《かたき》であると知らなければならない。また逆《ぎゃく》に、もし追い出したり責め立てたり罪を数え上げて処断したりするなら、私（釈尊《しゃくそん》）の弟子《でし》であり真《しん》の声聞《しょうもん》である」

私は、「善《よ》い出家者《しゅっけしゃ》」というわけではないが、「仏法の中の敵《かたき》」と責《せ》められるのを免《まぬか》れるために、要点《ようてん》だけを取り上げその一端《いったん》をおおよそ示しただけである。

法然《ほうねん》らが上奏《じょうそう》によって流罪《るざい》されたことを示す

その上、かつて元仁《げんにん》年間には延暦《えんりゃく》・興福《こうふく》の両寺〈注5〉から度々朝廷《ちょうてい》への申《もう》し入《い》れがなされ、勅宣《ちょくせん》・御教書《みぎょうしょ》〈注6〉を申請《しんせい》した。比叡山《ひえいざん》では、法然《ほうねん》の『選択集《せんちゃくしゅう》』の版木《はんぎ》を大講堂《だいこうどう》に押収《おうしゅう》し、三世《さんぜ》の諸仏《しょぶつ》への報恩《ほうおん》のため焼《や》き捨《す》てた。法然の墓所《ぼしょ》については、感神院《かんじんいん》の犬神人《いぬじにん》〈注7〉に命令《めいれい》して破壊《はかい》させた。法然の門弟《もんてい》である隆寛《りゅうかん》・聖光《しょうこう》・成覚《じょうかく》・薩生《さっしょう》らは遠国《おんごく》に流罪《るざい》にされ〈注8〉、その後いまだに処《しょ》罰《ばつ》を許《ゆる》されていない。

どうして「意見を進言したことはない」といえるだろうか。

◇注　解◇

〈注1〉【扉《とびら》の鍵《かぎ》】御書本文は「枢楗《すうけん》」（二六ページ）。「枢」とは、大切なものを納《おさ》めた場所の扉のこと。

〈注2〉【棟木《むなぎ》・梁《はり》】御書本文は「棟梁《とうりょう》」（二六ページ）。屋根を支《ささ》える基本構造《きほんこうぞう》をなす棟木と梁。国家を支《ささ》える重要《じゅうよう》な人物などをいう。

〈注3〉【邪悪《じゃあく》な言葉】御書本文は「莠言《ゆうげん》」（二六ページ）。「莠」はエノコログサのことで、麦に似《に》て非《ひ》なる雑草《ざっそう》のこと。「莠言」は「好言」の対語で人々に悪い影響《えいきょう》を与《あた》える言葉。

〈注4〉【万里《ばんり》・千尋《せんじん》】万里・千尋ともに非常《ひじょう》に長いことを意味する。一里は約三・九キロメートル。一尋《じん》は六尺《しゃく》（約一・八メートル）または五尺。

〈注5〉【延暦《えんりゃく》・興福《こうふく》の両寺】延暦寺は比叡山《ひえいざん》にある天台宗《てんだいしゅう》の中心寺院。興福寺は、奈良《なら》にある法相宗《ほっそうしゅう》の寺で藤原氏《ふじわらし》の氏寺《うじでら》とされた。両寺とも、日蓮大聖人の御在世《ございせ》当時、権勢《けんせい》を振《ふ》るっていた。

〈注6〉【勅宣《ちょくせん》・御教書《みぎょうしょ》】勅宣とは天皇《てんのう》の命令書《めいれいしょ》。御教書とは、高官《こうかん》が出す命令書で、鎌倉《かまくら》時代には、幕府《ばくふ》の命令書もいう。

〈注7〉【感神院《かんじんいん》の犬神人《いぬじにん》】感神院とは、京都《きょうと》・祇園《ぎおん》の八坂神社《やさかじんじゃ》の古い名称《めいしょう》。鎌倉《かまくら》時代には延暦寺《えんりゃくじ》に属《ぞく》していた。神人《じにん》とは、平安《へいあん》時代から鎌倉・室町《むろまち》時代にかけて、神社に属《ぞく》し祭儀《さいぎ》その他の雑事《ざつじ》を務《つと》めた人。犬神人とは、八坂神社などに属《ぞく》し、境内《けいだい》の掃除《そうじ》や不浄《ふじょう》のものを取《と》り捨《す》てる役割《やくわり》を担《にな》った人をいう。

〈注8〉**【隆寛《りゅうかん》・聖光《しょうこう》・成覚《じょうかく》・薩生《さっしょう》らは遠国《おんごく》に流罪《るざい》にされ】** 法然《ほうねん》（源空《げんくう》）の没後《ぼつご》の嘉禄《かろく》三年（一二二七年）七月、専修念仏《せんじゅねんぶつ》を禁止《きんし》する宣旨《せんじ》が発《はっ》せられて、隆寛は奥州《おうしゅう》へ、成覚房幸西《ぼうこうさい》は壱岐《いき》へ流罪と決定された。

第7段　仏の命令を示して謗法《ほうぼう》の断絶《だんぜつ》を勧《すす》める

（御書二一六ジペー十三行目〜三〇ジペー七行目）

災難《さいなん》を対治《たいじ》する方法を尋《たず》ねる

旅人《たびびと》はそこで心が落ち着いていう。

（法然《ほうねん》が）経をないがしろにし僧侶《そうりょ》たちを謗《そし》ったというのは、あなた一人だけがしている非難《ひなん》である〈注1〉。

しかし、法然《ほうねん》は、大乗経《だいじょうきょう》六百三十七部二千八百八十三巻、さらに一切《いっさい》の仏《ぶつ》・菩薩《ぼさつ》たちと仏教以外のさまざまな神々《かみがみ》に対して、捨閉閣抛《しゃへいかくほう》の四字をその上に置《お》いた。その言葉があることは言うまでもなく、その文《もん》ははっきりとしている。

あなたはこのわずかな欠点《けってん》にこだわり、そのような誹謗《ひぼう》をしている。（あなたは）迷《まよ》って言っているのか覚《さと》って語っているのか。（あなたが）賢《けん》か愚《ぐ》か判別《はんべつ》がつかないし、是《ぜ》か非《ひ》か定《さだ》めることはできかねる〈注2〉。しかし、災難《さいなん》が『選択集《せんちゃくしゅう》』を原因として起こっているということを、あなたは盛《さか》んにいい、ますますそのことを説《と》いている。結局《けっきょく》、天下泰平《てんかたいへい》・国土安穏《こくどあんのん》こそ主君《しゅくん》も臣下《しんか》も求《もと》めるものであり、民衆《みんしゅう》が願《ねが》うものである。そもそも、国は（根本とする）法によって栄《さか》え、法は（それを崇《あが》める）人がいてこそ貴《とうと》い。国が亡《ほろ》び、人がいなくなってしまえば、仏を誰《だれ》が崇拝《すうはい》するだろうか、法を誰が信じるだろうか。まず国家の安泰《あんたい》を祈《いの》って、仏法を確立《かくりつ》するのでなければならない。もし災難《さいなん》をなくす手だてがあるなら、聞きたいと思う。

天下安穏《あんのん》の原理を説《と》く

主人がいう。

私は愚《おろ》かであって決して賢《かしこ》くはない。ただ経文に即《そく》して少しばかり思うところを述《の》べよう。

世を治《おさ》める術《すべ》というものは、仏教か否《いな》かを問わず、どれほど多くの教えがあることだろう。すべてを挙《あ》げきることはできない。とはいえ、仏道《ぶつどう》に入《はい》って何度となく自分なりに考えたところ、謗法《ほうぼう》の人を制止《せいし》して正しい考えの人々を重んじるなら、国の中は安穏《あんのん》になり天下は泰平《たいへい》となるだろう。

涅槃経《ねはんぎょう》を引いて謗法《ほうぼう》への呵責《かしゃく》を説《と》く

というのも、涅槃経《ねはんぎょう》にはこうある。

「仏が仰《おお》せになった。『ただ一人だけを除《のぞ》いてその他のあらゆる者への布施《ふせ》は、皆《みな》、讃嘆《さんたん》するのがよい』

純陀《じゅんだ》〈注3〉が問うて言う。『どのようなものを、ただ一人だけを除《のぞ》くとされるのですか』

仏が仰《おお》せになる。『この経の中に説《と》いている破戒《はかい》の者などのことである』

純陀《じゅんだ》がまた言う。『私は今まだ理解できません。お願《ねが》いします。お説《と》きください』

仏は純陀《じゅんだ》に語って仰《おお》せになる。『破戒《はかい》とは、一闡提《いっせんだい》〈注4〉のことである。その他のあらゆる一切《いっさい》の者への布施《ふせ》は、皆《みな》、讃嘆《さんたん》するのがよい。（そうすれば）大きな果報《かほう》を得《え》るだろう』

純陀《じゅんだ》がまた問う。『一闡提《いっせんだい》とは、どういう意味ですか』

仏が仰《おお》せになる。『純陀《じゅんだ》よ。もし在家《ざいけ》・出家《しゅっけ》の男女がいて、口汚《くちぎたな》い言葉を発《はっ》し、正法を誹謗《ひぼう》し、この重い悪業《あくごう》を造《つく》っていつまでたっても反省《はんせい》せず、心の中に恥《は》ずかしく思う気持ちがないなら、このような人を一闡提《いっせんだい》の道に趣《おもむ》く者というのである。

もし四重禁戒《しじゅうごんかい》〈注5〉を犯《おか》し五逆罪《ごぎゃくざい》〈注6〉を作り、このような重大な誤《あやま》りを犯したことは間違《まちが》いないと自分自身知りながら、初《はじ》めから畏怖《いふ》や懺悔《さんげ》〈注7〉の心がなく、決して告白《こくはく》せず、（自分が謗《そし》った）正法に対して守り確立《かくりつ》しようとする心がいつまでたってもなく、そしったり軽《かろ》んじたりして発言することで多くの罪《つみ》を犯すなら、このような人を一闡提《いっせんだい》の道に趣《おもむ》く者というのである。

このような一闡提《いっせんだい》の輩《やから》だけを除《のぞ》いてその他の人に布施《ふせ》をするなら、一切《いっさい》の人が讃嘆《さんたん》するだろう』と」

仙予《せんよ》国王による謗法《ほうぼう》の断絶《だんぜつ》を示す

また（涅槃経《ねはんぎょう》には）こうある。

「過去世《かこせ》の昔を思い浮《う》かべると、（私＝釈尊《しゃくそん》は）閻浮提《えんぶだい》で大国の王であり、仙予《せんよ》という名であった。大乗経典《だいじょうきょうてん》を大切に思って敬《うやま》い、その心はまったく善良《ぜんりょう》であり、粗暴《そぼう》なところや嫉妬《しっと》・物惜《ものお》しみなどはなかった。

わが弟子《でし》よ。私はその時、大乗《だいじょう》を重んじていた。バラモンが大乗経典《きょうてん》を誹謗《ひぼう》するのを聞き、聞き終わってそのまま直ちにバラモンの命を断《た》った。わが弟子《でし》よ。これによって、それからずっと、（私は）地獄《じごく》に堕《お》ちることはなかった」

またこうある。

「仏は、昔、国王となって菩薩《ぼさつ》の修行《しゅぎょう》を行《おこな》っていた時、多くのバラモンの命を断《た》った」

またこうある。

「殺生《せっしょう》には三種《しゅ》ある。下殺《げせつ》と中殺《ちゅうせつ》と上殺《じょうせつ》である。下殺《げせつ》の『下《げ》』とは、蟻《あり》をはじめ一切《いっさい》の動物のことである。ただし、菩薩《ぼさつ》の示《じ》現生《げんしょう》〈注8〉の者だけは除《のぞ》く。下殺を原因として地獄《じごく》・畜生《ちくしょう》・餓鬼《がき》の三悪道《さんあくどう》に堕《お》ちて、下《げ》の苦《く》を一つ残《のこ》らず受ける。なぜか。この（殺《ころ》された）動物にも善根《ぜんこん》〈注9〉が少しだけでもあるからである。このために、殺した者はその罪《つみ》の報《むく》いを一つ残《のこ》らず受けるのである。中殺《ちゅうせつ》とは、凡夫《ぼんぷ》から阿那含《あなごん》〈注10〉の位《くらい》までの人を、『中《ちゅう》』と名づける。この悪業《あくごう》のために地獄《じごく》・畜生《ちくしょう》・餓鬼《がき》に堕《お》ちて、中の苦《く》を一つ残らず受ける。上殺《じょうせつ》の『上《じょう》』とは、父母をはじめとして阿羅漢《あらかん》・縁覚《えんがく》・不退《ふたい》の位《くらい》の菩薩《ぼさつ》〈注11〉までの人のことである。無間地獄《むけんじごく》〈注12〉という大地獄の中に堕《お》ちる。わが弟子よ。もし一闡提《いっせんだい》を殺《ころ》すことがあっても、その場合はこの三種《しゅ》の殺《せつ》の中に当てはまることはなく悪道《あくどう》に堕《お》ちることはない。わが弟子よ。あの（私が過去世《かこせ》で殺《ころ》した）バラモンなどは、すべて皆《みな》、一闡提《いっせんだい》だったのである」以上。

仏法の守護《しゅご》を付嘱《ふぞく》する経文を挙《あ》げる

仁王経《にんのうきょう》にはこうある。

「釈尊《しゃくそん》が波斯匿王《はしのくおう》〈注13〉に告げてこう仰《おお》せになった。『この故《ゆえ》に、諸《もろもろ》の国王に付嘱《ふぞく》〈注14〉して、出家《しゅっけ》の男女に付嘱《ふぞく》しないのである。それはなぜか。王のもつ強い力《ちから》がないからである』と」以上。

正法を護持《ごじ》する方軌《ほうき》を示す

涅槃経《ねはんぎょう》にはこうある。

「今、無上《むじょう》の正法を、諸《もろもろ》の王・大臣《だいじん》・宰相《さいしょう》と出家《しゅっけ》・在家《ざいけ》の男女に付嘱《ふぞく》する。正法を謗《そし》る者については、大臣と出家・在家の男女は厳《きび》しく指導しなければならない」

またこうある。

「仏が仰《おお》せである。『迦葉《かしょう》〈注15〉よ。正法を護持《ごじ》すれば、それによって、金剛《こんごう》〈注16〉のように壊《こわ》れない身となることができる。わが弟子よ。正法を護持《ごじ》する者は、五戒《ごかい》〈注17〉を受けなくてもよいし、作法《さほう》にかなった振《ふ》る舞《ま》い〈注18〉をしなくてもよい。むしろ、刀《かたな》や剣《つるぎ》・弓矢《ゆみや》・矛《ほこ》をもたなければならない』と」

またこうある。

「もし五戒《ごかい》を受持《じゅじ》する者がいても、大乗《だいじょう》の人と名づけることはできない。五戒を受けていなくても、正法を護《まも》るなら、その人を大乗の人と名づけるのである。正法を護る者は、刀《かたな》や剣《つるぎ》や武器《ぶき》を手にしなければならない。刀や杖《つえ》をもっていても、私はこれらの人々を『戒《かい》を持《たも》つ』と言うのである」

有徳王《うとくおう》・覚徳比丘《かくとくびく》の先例《せんれい》

またこうある。

「わが弟子《でし》よ。過去の世《よ》にこのクシナガラという都市〈注19〉で仏が出現《しゅつげん》されたことがあった。歓喜増益如来《かんぎぞうやくにょらい》というお名前であった。この仏が亡《な》くなった後、正法は無量億年《むりょうおくねん》に至《いた》るまでとどまっていた。さらにもう四十年、仏法はまだ滅《ほろ》びずにとどまっていた。

その時、戒《かい》を堅持《けんじ》する一人の出家者《しゅっけしゃ》がいた。覚徳《かくとく》という名であった。その時、戒を破《やぶ》る出家者が多くいた。（覚徳が）このように説《と》くのを聞いて、皆《みな》、悪心を生じて、刀《かたな》や杖《つえ》を手にもち、この法師《ほっし》を迫害《はくがい》した。

この時の国王は、有徳《うとく》という名であった。このことを聞いて、法を護《まも》るために即座《そくざ》に、説法《せっぽう》している者（＝覚徳《かくとく》）の所に行《い》って、この破戒《はかい》の悪い出家者《しゅっけしゃ》たちと激《はげ》しく戦《たたか》った。

その時、説法《せっぽう》している者は危害《きがい》を免《まぬか》れた。王は、その時、体を刀《かたな》や剣《つるぎ》や矢《や》や矛《ほこ》によって傷《きず》つけられ、無事《ぶじ》だったところは芥子粒《けしつぶ》ほどもなかった。

その時、覚徳《かくとく》は王を賞讃《しょうさん》して言った。『すばらしいことです。王は、今、本当に正法を護《まも》る者です。来世《らいせ》には、その身が計り切れないほど巨大《きょだい》な法の器《うつわ》となるにちがいありません』

王は、この時、法を聞くことができて、心は大いに歓喜《かんき》し、そしてすぐに命を終えて阿閦仏《あしゅくぶつ》〈注20〉の国に生まれて、その仏にとって第一の弟子《でし》となった。その王に付《つ》き従《したが》った人民《じんみん》や従者《じゅうしゃ》で、戦闘《せんとう》した者、歓喜した者は、すべて、覚《さと》りを求《もと》める心から退転《たいてん》することはなく、死後、全員が阿閦仏の国に生まれた。覚徳比丘《かくとくびく》は、その後、寿命《じゅみょう》が尽《つ》きて同様に阿閦仏《あしゅくぶつ》の国に生まれ、その仏にとって声聞《しょうもん》たちの中で第二の弟子《でし》となった。正法が滅《ほろ》びてしまいそうな時には、このように（正法を）受持《じゅじ》し護《まも》らなければならない。

迦葉《かしょう》よ。その時の王（＝有徳王《うとくおう》）とはこの私（釈尊《しゃくそん》）自身なのである。説法《せっぽう》した出家者《しゅっけしゃ》（＝覚徳《かくとく》）とは迦葉仏《かしょうぶつ》〈注21〉である。

迦葉《かしょう》よ。正法を護《まも》る者は、このような無量《むりょう》の果報《かほう》を得《え》るだろう。こうしたわけで、私は、今日《こんにち》において種々《しゅじゅ》の優《すぐ》れた特徴《とくちょう》・特質《とくしつ》を得《え》て、身を飾《かざ》り、壊《こわ》れることのない法身《ほっしん》〈注22〉となったのである」

「釈尊《しゃくそん》は迦葉菩薩《かしょうぼさつ》に告《つ》げられた。

『それ故《ゆえ》、法を護《まも》ろうとする在家信者《ざいけしんじゃ》らは、刀《かたな》や杖《つえ》を手にもってこのような

（正法を持《たも》つ）者を守らなければならない。

わが弟子《でし》よ。私が亡《な》くなった後の乱《みだ》れた時代に、国土は荒廃《こうはい》し、人々は互《たが》いに奪《うば》い合《あ》い、人民《じんみん》は飢餓《きが》に陥《おちい》るだろう。その時、飢餓のために発心《ほっしん》・出家《しゅっけ》するものが多くいるだろう。このような人を禿人《とくにん》（髪《かみ》のない者。形だけの僧《そう》）と名づける。

この禿人《とくにん》たちは、正法を護持《ごじ》するものを見て、（教団《きょうだん》から）追い出し、殺《ころ》したり、危害《きがい》を加えたりするだろう。

それ故《ゆえ》、私は今、戒《かい》を堅持《けんじ》する人が、刀《かたな》や杖《つえ》をもつ在家《ざいけ》の人々を頼《たよ》り、仲間《なかま》とすることを許《ゆる》す。刀や杖をもっていても、私はこれらの人々を戒を堅持する者と名づけると言う。刀や杖をもっていても、命を断《た》ってはならない』」

謗法《ほうぼう》は無間地獄《むけんじごく》に堕《お》ちるという経文を挙《あ》げる

法華経にこう説《と》かれている。

「もし人が信じないで、この経（法華経）を謗《そし》るなら、即座《そくざ》に全世界の仏種《ぶっしゅ》〈注

23〉を断《た》つだろう。〈中略〉その人は命が終わると阿鼻地獄《あびじごく》に堕《お》ちるだろう」（譬喩《ひゆ》品《ほん》）以上。

経文によって謗法《ほうぼう》を対治《たいじ》し罰《ばっ》することを結論する

さて、経文ははっきりとしている。私《わたくし》個人の言葉をどうして加える必要《ひつよう》があるだろうか。

一般的《いっぱんてき》に言えば、法華経の言うように、大乗経典《だいじょうきょうてん》を謗る者は、無量《むりょう》の五逆罪《ごぎゃくざい》を犯《おか》したものよりも罪《つみ》が勝《まさ》っているので、阿鼻地獄《あびじごく》に堕《お》ちていつまでたっても出てくる時がない。

涅槃経《ねはんぎょう》の言うように、たとえ五逆罪《ごぎゃくざい》を犯《おか》したものへの供養《くよう》を許《ゆる》すとしても、謗法《ほうぼう》の者への布施《ふせ》は許《ゆる》さない。蟻《あり》を殺《ころ》す者は、必《かなら》ず三悪道《さんあくどう》に堕《お》ちる。謗法を制《せい》止《し》する者は、不退転《ふたいてん》の位《くらい》に登る。すなわち、覚徳比丘《かくとくびく》とは、迦葉仏《かしょうぶつ》のことである。有徳王《うとくおう》とは、釈尊《しゃくそん》のことである。

国中《くにじゅう》の謗法《ほうぼう》を断《だん》ずべきことを結論する

法華経・涅槃経《ねはんぎょう》の教えは五時《ごじ》に分けられる釈尊《しゃくそん》のすべての教えの肝心《かんじん》である。それらが禁止《きんし》していることは実《じつ》に重大である。よりどころとしない者がいるだろうか。

ところが、謗法《ほうぼう》の人々は、正しい考えの人を忘《わす》れ〈注24〉、それだけにとどまらず法然《ほうねん》の『選択集《せんちゃくしゅう》』に基《もと》づいて、いよいよ愚《おろ》かになり迷《まよ》いを増《ま》している。

その結果、亡《な》くなった法然《ほうねん》の姿《すがた》をしのんで木像《もくぞう》・絵像《えぞう》を作ったり、その妄《もう》説《せつ》を信じて醜悪《しゅうあく》な言葉を版木《はんぎ》に彫《ほ》ったりして、国中に広め津々《つつ》浦々《うらうら》で手にしている。

皆《みな》が信仰《しんこう》しているのは法然《ほうねん》の主張《しゅちょう》であり、布施《ふせ》をしているのはその門弟《もんてい》に対してである。そうであるから、釈迦仏《しゃかぶつ》の像《ぞう》の手の指を切って阿弥陀仏《あみだぶつ》の印相《いんぞう》〈注25〉に結《むす》び変《か》えたり、東方《とうほう》の浄瑠璃《じょうるり》世界の薬師如来《やくしにょらい》〈注26〉の堂《どう》を改《あらた》めて西方《さいほう》の極楽《ごくらく》世界で教えを説《と》く阿弥陀仏を安置《あんち》したり、四百余回《よかい》にわたって行われてきた法華経の定めどおりの写経《しゃきょう》をやめて西方浄土《さいほうじょうど》の三部経《さんぶきょう》の書写としたり、天台大師智顗《てんだいだいしちぎ》〈注27〉の法会《ほうえ》をやめて善導《ぜんどう》の法会としたりした。

このような人々は、実《じつ》に数え切れない。これは仏を破壊《はかい》することではないか。これは法を破壊することではないか。これは僧《そう》を破壊することではないか。この邪義《じゃぎ》は、『選択集《せんちゃくしゅう》』に基《もと》づくものである。

ああなんと悲しいことだろうか、如来《にょらい》〈注28〉の真実《しんじつ》の禁止《きんし》の言葉に背《そむ》くことは。なんと哀《あわ》れなことだろうか、愚《おろ》かな輩《やから》の迷《まよ》いに基《もと》づく低劣《ていれつ》な言葉に従《したが》うことは。今すぐ天下の安穏《あんのん》を考えるなら、国中の謗法《ほうぼう》を断《た》たなければならない。

◇注　解◇

〈注1〉**【（法然《ほうねん》が）経をないがしろにし僧侶《そうりょ》たちを謗《そし》ったというのは、あなた一人だけがしている非難《ひなん》である】**御真筆《ごしんぴつ》は「下経謗僧一人難論」である。これを御書本文では「経を下《くだ》し僧《そう》を謗《ぼう》ずること一人《いちにん》には論《ろん》じ難《がた》し」（二一六ページ）と読み下している。

この箇所《かしょ》の解釈《かいしゃく》は諸説《しょせつ》ある。日寛上人《にちかんしょうにん》は『文段《もんだん》』で「経を下《くだ》し僧《そう》を謗《ぼう》ずること、法然一《ほうねんいち》人《にん》には論《ろん》じ難《がた》し。主人もまた浄土《じょうど》の経を下し法然を謗ずればなり」（文段集四三ページ）と解釈している。

「難論《なんろん》」というのは、「難《なん》じて論《ろん》ずること、非難《ひなん》」という意味である。ここでは、「経を下《くだ》し僧《そう》を謗《そし》るは、一人《いちにん》の難論なり」と読み下し、それに基《もと》づいて現代語訳した。

〈注2〉**【（あなたは）迷《まよ》って言っているのか……是《ぜ》か非《ひ》か定《さだ》めることはできかねる】**御書本文は「此《こ》の瑕瑾《かきん》を守って其《そ》の誹謗《ひぼう》を成《な》せども迷《まよ》うて言うか覚《さと》りて語るか、賢愚弁《けんぐべん》ぜず是非《ぜひ》定め難《がた》し」（二一六ページ）である。

この箇所《かしょ》の解釈《かいしゃく》について、日寛上人《にちかんしょうにん》は『文段《もんだん》』で「主人はこの瑕瑾《かきん》を守ってその誹謗《ひぼう》を成《な》せども、法然迷《ほうねんまよ》っていうか、覚《さと》って語るか。爾《しか》れば法然と主人との間、賢愚《けんぐ》を弁《べん》ぜず、是非《ぜひ》を定め難《がた》し等《とう》と云云《うんぬん》」（文段集四四ページ）と主語を三通りに変えて解釈している。

主人が法然《ほうねん》の専修念仏《せんじゅねんぶつ》が一凶《いっきょう》であることを強く主張《しゅちょう》しているのに対して、客はそれを「瑕瑾《かきん》」（玉の小さな傷《きず》）としてしか見なしていない。その客が法然について「迷《まよ》うて言うか覚《さと》りて語るか」という疑問《ぎもん》を感じるという解釈《かいしゃく》について検討《けんとう》した。

ここでは主人が法然《ほうねん》に対して誹謗《ひぼう》していることを客が非難《ひなん》しているのであるから、「迷《まよ》うて言うか覚《さと》りて語るか」という疑問《ぎもん》は主人に向けられていると考えた。したがって「賢《けん》愚《ぐ》」「是非《ぜひ》」が疑《うたが》われる対象《たいしょう》も、法然と主人の両方ではなく、この箇所《かしょ》は一貫《いっかん》して主人を主語として解釈《かいしゃく》した。

〈注3〉【純陀《じゅんだ》】サンスクリットのチュンダの音写。釈尊《しゃくそん》の涅槃《ねはん》の直前に供養《くよう》し教えを受けた弟子《でし》。

〈注4〉【一闡提《いっせんだい》】サンスクリットのイッチャンティカの音写。誤《あやま》った欲望《よくぼう》や考えにとらわれて正しい教えを信じようとしない人。

〈注5〉【四重禁戒《しじゅうごんかい》】教団追放《きょうだんついほう》となる四つの重い罪《つみ》（殺生《せっしょう》・偸盗《ちゅうとう》・邪婬《じゃいん》・妄語《もうご》）を犯《おか》さないよう禁止《きんし》し戒《いまし》めること。

〈注6〉【五逆罪《ごぎゃくざい》】五種《しゅ》の最《もっと》も重い罪《つみ》のこと。父を殺《ころ》す、母を殺す、阿羅漢《あらかん》を殺す、仏の身を傷《きず》つけ血を出す、和合僧《わごうそう》を破壊《はかい》するの五つ。

〈注7〉【懺悔《さんげ》】犯《おか》した罪悪《ざいあく》を告白《こくはく》し悔《く》い改《あらた》めること。

〈注8〉【示現生《じげんしょう》】菩薩《ぼさつ》が衆生《しゅじょう》を教化《きょうけ》するために、さまざまな姿形《すがたかたち》をとって出現《しゅつげん》すること。

〈注9〉【善根《ぜんこん》】既出。第2段〈注25〉を参照。

〈注10〉【阿那含《あなごん》】サンスクリットのアナーガーミンの音写。声聞《しょうもん》の修行《しゅぎょう》の階位《かいい》の第三。二度と欲界《よっかい》に生まれ還《かえ》ることがないところから「不還《ふげん》」と漢訳《かんやく》される。

〈注11〉【不退《ふたい》の位《くらい》の菩薩《ぼさつ》】菩薩の修行《しゅぎょう》を重ねて六道《ろくどう》や二乗《にじょう》にもはや退転《たいてん》することがない境《きょう》地《ち》になった菩薩。

〈注12〉【無間地獄《むけんじごく》】阿鼻《あび》地獄と同じ。第4段〈注24〉を参照。

〈注13〉【波斯匿王《はしのくおう》】波斯匿は、サンスクリットのプラセーナジットの音写。古代インドの大国・コーサラ国の王。釈尊《しゃくそん》に帰依《きえ》し仏教を保護《ほご》した。

〈注14〉【付嘱《ふぞく》】教えを広めるように託《たく》すこと。

〈注15〉【迦葉《かしょう》】サンスクリットのカーシャパの音写。涅槃経《ねはんぎょう》の登場人物の一人、迦葉童子《かしょうどうじ》菩薩《ぼさつ》のこと。釈尊《しゃくそん》の十大弟子《でし》の一人である声聞《しょうもん》の迦葉とは別人。

〈注16〉【金剛《こんごう》】古代インドで最《もっと》も固《かた》い金属《きんぞく》と考えられたもの。雷電《らいでん》の破壊力《はかいりょく》を堅牢《けんろう》な金属によるものとみた。

〈注17〉【五戒《ごかい》】仏教者として守るべき最《もっと》も基本《きほん》となる五つの戒。不殺生《ふせっしょう》・不偸盗《ふちゅうとう》・不妄《ふもう》語《ご》・不邪淫《ふじゃいん》・不飲酒《ふおんじゅ》のこと。

〈注18〉【作法《さほう》にかなった振《ふ》る舞《ま》い】御書本文は「威儀《いぎ》」（二八ページ）。礼儀《れいぎ》の規則《きそく》にかなった立派《りっぱ》な行《おこな》いのこと。

〈注19〉【クシナガラという都市】古代インドの都市。マッラ国の都《みやこ》。この近郊《きんこう》で釈尊《しゃくそん》は亡《な》くなった。

〈注20〉【阿閦仏《あしゅくぶつ》】阿閦はサンスクリットのアクショービヤの音写。東方の阿比羅提世界《あびらだいせかい》（歓喜国《かんぎこく》・妙喜国《みょうきこく》）の仏。

〈注21〉【迦葉仏《かしょうぶつ》】釈尊《しゃくそん》に先立つ過去《かこ》の七仏《しちぶつ》の第六。

〈注22〉【法身《ほっしん》】仏のそなえる特性《とくせい》のうち、内なる覚《さと》り、体得《たいとく》している永遠《えいえん》の真理をとらえて仏の身、本質《ほんしつ》とみたもの。

〈注23〉【仏種《ぶっしゅ》】仏果《ぶっか》を得《え》る原因を種《たね》に譬《たと》えたもの。

〈注24〉【謗法《ほうぼう》の人々は、正しい考えの人を忘《わす》れ】御真筆《ごしんぴつ》は「謗法之族忘正道之人」である。御書本文は「謗法の族正道《やからしょうどう》を忘《わする》るの人」（二九㌻）と読み下し、「謗法の族」と「正道を忘れた人」という二種《しゅ》の人を主語としている。ここでは、「謗法の族は正道の人を忘れ」と読み下して現代語訳した。

〈注25〉【印相《いんぞう》】法理《ほうり》などを象徴的《しょうちょうてき》に示す手の形。

〈注26〉【薬師如来《やくしにょらい》】東方の浄瑠璃《じょうるり》世界に住む仏。病苦を除《のぞ》くなどの現世利益《げんぜりやく》を願《ねが》う信仰《しんこう》が隆盛《りゅうせい》した。比叡山延暦寺《ひえいざんえんりゃくじ》の根本中堂《こんぽんちゅうどう》の本尊《ほんぞん》。

〈注27〉【天台大師智顗《てんだいだいしちぎ》】五三八年〜五九七年。中国天台宗《てんだいしゅう》の事実上の開祖。『法華玄義《ほっけげんぎ》』『法華文句《ほっけもんぐ》』『摩訶止観《まかしかん》』という法華三大部《ほっけさんだいぶ》を説《と》いた。智者大師《ちしゃだいし》とたたえられる。

〈注28〉【如来《にょらい》】仏の尊称《そんしょう》の一つ。サンスクリットのタターガタの漢訳《かんやく》で、〝真如《しんにょ》（真実《しんじつ》）から来た〟という意味。

第8段　謗法《ほうぼう》への布施《ふせ》を止《とど》めることを説《と》く

（御書三〇ジペー八行目〜十八行目）

経文のように斬罪《ざんざい》に処《しょ》すべきかどうかを尋《たず》ねる

旅人《たびびと》がいう。

もし謗法《ほうぼう》の人々を根絶《こんぜつ》し、仏の禁止《きんし》への違背《いはい》をなくそうとするなら、あなたが引用した経文のように斬罪《ざんざい》に処《しょ》しなければならないのか。もしそうなら、殺害《さつがい》の罪《つみ》が加《くわ》わるが、その罪業《ざいごう》はどうするのか。

僧尼《そうに》を殺害《さつがい》する罪《つみ》を挙《あ》げて尋《たず》ねる

というのも、大集経《だいじっきょう》にはこうある。

「頭《こうべ》を剃《そ》り袈裟《けさ》を着れば、戒《かい》を持《たも》つ人であれ戒を破《やぶ》った人であれ、神々《かみがみ》や人々は彼らを供養《くよう》するだろう。そうすれば私を供養したことになる。彼らは私の子である。もし彼らを打《う》ち叩《たた》くなら、それは私の子を打ったことになる。もし彼らを罵《ののし》り辱《はずかし》めるなら、それは私を謗《そし》り辱めたことになる」

私の考えでは、善悪《ぜんあく》を論《ろん》じることなく、正しいか否《いな》かを区別《くべつ》せず、僧侶《そうりょ》であるものについては供養《くよう》を行《おこな》うのがよい。どうして子（である僧侶）を打《う》ち辱《はずかし》めて、恐《おそ》れ多いことにその父（である仏）を悲しませてよいだろうか。

ご存《ぞん》じのように竹杖外道《ちくじょうげどう》〈注1〉が目連尊者《もくれんそんじゃ》を殺害《さつがい》した時には（竹杖外道は）いつまでも無間地獄《むけんじごく》の底《そこ》に沈《しず》んだのであり、提婆達多《だいばだった》が蓮華比丘尼《れんげびくに》を殺《ころ》した〈注2〉時には長い間、阿鼻《あび》地獄の炎《ほのお》に苦しんだのである。先例《せんれい》はこのように明らかである。後《のち》の人々は最《もっと》も（このことを）恐《おそ》れている。謗法《ほうぼう》をとがめるようではあるけれど、もはや仏の禁止《きんし》の言葉を破《やぶ》っている。このことは容易《ようい》には信じられない。どのように理解すればよいのだろう。

謗法《ほうぼう》への布施《ふせ》を止《とど》める意味を説《と》く

主人がいう。

あなたは明らかに経文を見ていながら、まだこのような発言をしている。理解が足《た》りないのか、道理《どうり》が通じないのか。

仏の子を捕縛《ほばく》するのではまったくない。ただひたすら謗法《ほうぼう》を嫌悪《けんお》するだけである。

そもそも、釈尊《しゃくそん》より前の仏の教えでは謗法《ほうぼう》の罪《つみ》ある者を斬《き》り殺《ころ》していたが、能忍《のうにん》（釈尊）の出現以後《しゅつげんいご》の経に説《と》かれているのは布施《ふせ》をやめることである。そういうわけで、天下のあらゆる国々、すべての人々が、悪に布施をしないで、皆《みな》が善《ぜん》に帰依《きえ》するなら、どのような難《なん》が一斉《いっせい》に起こり、どのような災《わざわ》いが先を争《あらそ》って到来《とうらい》することがあるだろうか。

◇注　解◇

〈注1〉**【竹杖外道《ちくじょうげどう》】** 古代インドの仏教以外の修行者《しゅぎょうしゃ》の一派《いっぱ》。目連《もくれん》は舎利弗《しゃりほつ》と共に王舎城《おうしゃじょう》を巡行中《じゅんこうちゅう》、竹杖外道に出会い、その師《し》を破《は》したため、杖《つえ》で打《う》ち殺《ころ》されたという。

〈注2〉**【提婆達多《だいばだった》が蓮華比丘尼《れんげびくに》を殺《ころ》した】**『大智度論《だいちどろん》』などによると、釈尊《しゃくそん》の弟子である蓮華比丘尼（華色比丘尼《けしきびくに》）は、提婆達多が岩を落として釈尊を傷《きず》つけて血を出させた時に、提婆達多を非難《ひなん》して、提婆達多に殴《なぐ》り殺されたという。

第9段　二難を予言《よげん》し立正安国を論《ろん》ずる

（御書三一ジペー一行目〜三二ジペー十七行目）

正法・正師《しょうし》に帰依《きえ》することを願《ねが》う

旅人《たびびと》はそこで敷物《しきもの》から下《お》りて主人を敬《うやま》う姿勢を示し、襟《えり》を正《ただ》していう。

仏の教えはこのようにさまざまに分かれていて、その趣旨《しゅし》をすべて知ることは難《むずか》しく、不審《ふしん》は多岐《たき》にわたって何が正しいのかは明らかではない。とはいえ、法然聖人《ほうねんしょうにん》の『選択集《せんちゃくしゅう》』は目の前にある。仏たち・諸経典《しょきょうてん》・菩薩《ぼさつ》たち・神々《かみがみ》などに対して捨閉閣抛《しゃへいかくほう》という四字をその上に置《お》いている。その文《もん》は明らかである。

「これが原因で、聖人《しょうにん》は国を去り善神《ぜんじん》は所《ところ》を捨《す》ててしまって、天下は飢《う》えと渇《かわ》きに苦しみ、世の中には疫病《えきびょう》がはやっている」とあなたは言う。

今、あなたは、広く経文を引いて、正しいものと正しくないものとをはっきりと示された。そのため、私の妄執《もうしゅう》はもはや覆《くつがえ》り、ありのままに物事《ものごと》を理解できるようになった。

結局《けっきょく》、国土が泰平《たいへい》で天下が安穏《あんのん》であることは、皇帝《こうてい》から万民《ばんみん》に至《いた》るまで、すべての人々が好むものであり、望《のぞ》むものである。すみやかに一闡提《いっせんだい》への布施《ふせ》を禁止《きんし》し、いつまでも多くの僧《そう》や尼《あま》への供養《くよう》を行《おこな》い、仏の海の白浪《はくろう》（盗賊《とうぞく》）を静《しず》かにさせ、法の山の緑林《りょくりん》（盗賊）を取《と》り除《のぞ》くなら、世の中は伏羲《ふっき》・神農《しんのう》〈注1〉の時代のような平和な世となり、国は唐堯《とうぎょう》や虞舜《ぐしゅん》〈注2〉が治《おさ》めるような安穏《あんのん》な国となるだろう。

そうなった後、仏法という水の浅深《せんじん》を探《さぐ》って、仏教という家の棟木《むなぎ》や梁《はり》（というべき正しい僧侶《そうりょ》）を崇《あが》め重んじよう。

二難を予期《よき》し謗法《ほうぼう》の対治《たいじ》を促《うなが》す

主人は悦《よろこ》んでいう。

鳩《はと》が変化《へんか》して鷹《たか》となり、雀《すずめ》が変化して蛤《はまぐり》となった〈注3〉。なんと悦《よろこ》ばしいことだろうか、あなたは、香《かお》り高い蘭室《らんしつ》の友に交《まじ》わって感化《かんか》され、麻畑《あさばたけ》に生《は》える蓬《よもぎ》のようにまっすぐな性質《せいしつ》になった。

真剣《しんけん》に災難《さいなん》を振《ふ》り返《かえ》り、ひたすらこの言葉を信じるなら、風はおだやかになり波は静《しず》かになり、わずかのうちに豊年《ほうねん》となるだろう。

とはいえ、人の心は時間の経過《けいか》にともなって移《うつ》り変わり、人の性質《せいしつ》は接《せっ》する境遇《きょうぐう》に基《もと》づいて変わる。譬《たと》えを挙《あ》げれば、水面に映《うつ》る月が波に動き、戦《たたか》いに臨《のぞ》んだ軍隊《ぐんたい》が剣《つるぎ》の動きにつれて動くのと変わらない。

あなたは、今この場では信じているが、後になると必《かなら》ず忘《わす》れてしまって思い出すこともないだろう。もし、まず国土を安穏《あんのん》にして現世《げんぜ》・来世《らいせ》のことを祈《いの》ろうと思うなら、速《すみ》やかに考えを廻《めぐ》らし急いで謗法《ほうぼう》を滅《めっ》しなさい。

その理由は何か。

薬師経《やくしきょう》の七難《しちなん》〈注4〉のうち、五難は現《げん》に起こり、二難がまだ残《のこ》っている。すなわち他国侵逼難《たこくしんぴつなん》・自界叛逆難《じかいほんぎゃくなん》である。大集経《だいじっきょう》の三災《さんさい》〈注5〉のうち、二災はすでに出現《しゅつげん》し、一災がまだ起こっていない。すなわち兵革《ひょうかく》の災である。

金光明経《こんこうみょうきょう》のうちの種々《しゅじゅ》の災禍《さいか》はそれぞれ起こっているが、外部の敵対者《てきたいしゃ》が国内を侵略《しんりゃく》するという災難《さいなん》はまだ現《あらわ》れていない。

仁王経《にんのうきょう》の七難《しちなん》〈注6〉のうち、六難は今盛《さか》んであるが、一難はまだ現《あらわ》れていない。すなわち、四方《しほう》の外敵《がいてき》がやって来て国を侵《おか》すという難である。

それだけではなく、「国土が乱《みだ》れるような時にはまず鬼神《きじん》が乱れる。鬼神が乱れるので万民《ばんみん》が乱れる」とある。

今、この文《もん》に即《そく》して詳《くわ》しく事態《じたい》の本質《ほんしつ》を考えてみると、百鬼《ひゃっき》はすでに乱《みだ》れ、万民《ばんみん》は多く亡《な》くなっている。先に起こる災難《さいなん》は、明らかにすでに起こっている。後に起こる災難をどうして疑《うたが》うことができるだろうか。もし残《のこ》りの災難が、悪法《あくほう》を用《もち》いた罪《つみ》によって一斉《いっせい》に起こり先を争《あらそ》って到来《とうらい》するなら、その時はどうすればよいのだろうか。

帝王《ていおう》は国家を基盤《きばん》として全国を治《おさ》め、臣下《しんか》の者は田園《でんえん》を領有《りょうゆう》して世の中を安心して暮《く》らせるようにするものである。しかし、外敵《がいてき》がやって来てその国を侵《しん》略《りゃく》し、内乱《ないらん》・反逆《はんぎゃく》が起こってその地を支配下《しはいか》に置《お》くなら、どうして驚《おどろ》かないことがあるだろうか、どうして騒然《そうぜん》としないことがあるだろうか。国家が滅亡《めつぼう》してしまったら、世を逃《のが》れるといっても、どこに行くことができるだろう。自身の安心を考えるなら、あなたはまず社会全体の静穏《せいおん》を祈《いの》ることが必要ではないのか。

重《かさ》ねて謗法《ほうぼう》の果報《かほう》を示す

とりわけ、人が世に生きているかぎりは、誰《だれ》もが死後のことを心配《しんぱい》している。その結果、誤《あやま》った教えを信じたり、正法を謗《そし》る教えを貴《とうと》んだりしてしまう。それぞれの人は、正しいものと正しくないものとの区別《くべつ》に迷《まよ》って（誤った教えを信じて）しまうことは嫌悪《けんお》しているけれども、それでもなお（判断《はんだん》を誤り正しい仏法を正しいと分からず）正しい仏法に帰依《きえ》することを哀《かな》しいことだと思って避《さ》けている〈注7〉。同じ信じるなら、その信じる心の力《ちから》で、どうして思慮《しりょ》もなく、誤った主張《しゅちょう》を説《と》く言葉を崇《あが》めるのだろうか。

もし執着《しゅうちゃく》する心が改《あらた》まらず、また歪《ゆが》んだ心がそのままあるなら、無常《むじょう》であるこの世から速《すみ》やかに去って必《かなら》ず無間地獄《むけんじごく》に堕《お》ちてしまうだろう。

その理由は何か。

大集経《だいじっきょう》にはこうある。

「もし国王がいて、過去世《かこせ》で数え切れないほど生まれ変わることを繰《く》り返《かえ》し、そのたびに布施《ふせ》・持戒《じかい》・智慧《ちえ》の実践《じっせん》を行《おこな》っていても、私の法が滅《めっ》しようとするのを見ながら、関心《かんしん》をもたず護《まも》ろうとしないなら、このように種《たね》をまいた無量《むりょう》の善根《ぜんこん》がことごとく失《うしな》われ、〈中略〉その王はほどなくして必《かなら》ず重病を患《わずら》い、寿命《じゅみょう》が尽《つ》きた後《のち》には大地獄《だいじごく》の中に生まれる。王と同様に夫人《ふじん》・太子《たいし》・大《だい》臣《じん》・都市の首長・村の首長・将軍《しょうぐん》・郡《ぐん》の首長・官吏《かんり》もまたそのようになるだろう」

仁王経《にんのうきょう》によって謗法《ほうぼう》の果報《かほう》を示す

仁王経《にんのうきょう》にはこうある。

「人が仏の教えを破壊《はかい》するなら、孝行《こうこう》の子は一人もなく、近親は不和《ふわ》となり天の神《かみ》〈注8〉も助けない。疫病《えきびょう》や悪鬼《あっき》が、毎日来て人々を害《がい》する。災害《さいがい》・怪異《かいい》が絶《た》えることがなく、連続《れんぞく》する禍《わざわ》いは予期不能《よきふのう》である。死んでからは地獄《じごく》・餓《が》鬼《き》・畜生《ちくしょう》の道に堕《お》ちるだろう。もしそこから出て人となるなら、罪《つみ》の報《むく》いとして兵士《へいし》や奴隷《どれい》となるだろう。

声にはこだまが応《こた》え、ものには影《かげ》が伴《ともな》い、人が夜に文字を書くと灯火《とうか》は消えても字は存在《そんざい》するが、三界《さんがい》〈注9〉を輪廻《りんね》する果報《かほう》もそれらと同様で（決して消《き》え去《さ》ることなく後《のち》に必《かなら》ず現《あらわ》れるので）ある」

念仏《ねんぶつ》は無間地獄《むけんじごく》に堕《お》ちるとの経文を挙《あ》げる

法華経の第二巻にはこうある。

「もし人が信じないで、この経（法華経）を誹《そし》るなら〈中略〉その人は命が終わると阿鼻地獄《あびじごく》に堕《お》ちるだろう」（譬喩品《ひゆほん》）

また同じく第七巻の不軽品《ふきょうぼん》にはこうある。

「千劫《せんごう》の間、阿鼻地獄《あびじごく》で大苦悩《だいくのう》を受《う》ける」

涅槃経《ねはんぎょう》にはこうある。

「善《よ》い友から遠ざかり、正法を聞かないで、悪法《あくほう》がその人から離《はな》れないなら、このことを原因として阿鼻地獄《あびじごく》に没《ぼっ》してしまい、そこで受ける身体《しんたい》は地獄と同じ縦横《たてよこ》八万四千由旬《ゆじゅん》〈注10〉の大きさとなり地獄の苦をすべて一身《いっしん》に受けるだろう」

結論として立正安国を論《ろん》ずる

多くの経に広く目を通すと、何よりも謗法《ほうぼう》を重大なこととしている。なんと悲しいことだろうか、皆《みな》、正法の門を出て邪法《じゃほう》の牢獄《ろうごく》に深く入《はい》ることは。なんと愚《おろ》かなことだろうか、それぞれが悪い教えの綱《つな》に懸《か》かって永久《えいきゅう》に謗法の教えの網《あみ》に纏《まと》わりつかれることは。朦朧《もうろう》と立《た》ち込《こ》める霧《きり》のようなこの迷《まよ》いによって、激《はげ》しく燃《も》え盛《さか》るあの炎《ほのお》の地獄《じごく》の底《そこ》に沈《しず》む。どうして憂《うれ》えずにいられるだろうか、どうして苦しまずにいられるだろうか。

あなたは早速《さっそく》ささやかな信仰《しんこう》の心を改《あらた》めて、速《すみ》やかに、本当に成仏《じょうぶつ》へ至《いた》らせる教えである唯一《ゆいいつ》の善《よ》い法《ほう》に帰依《きえ》しなさい。そうすれば、三界《さんがい》は皆《みな》、仏国《ぶっこく》である。仏国がどうして衰《おとろ》えることがあるだろうか。十方《じっぽう》はことごとく宝土《ほうど》である。宝土がどうして壊《こわ》れることがあるだろうか。国が衰えることがなく国土がある。

壊れることがないなら、身は安全であり、心は動揺《どうよう》することがないだろう。これらの言葉を信じて敬《うやま》わなければならない。

◇注　解◇

〈注1〉【伏羲《ふっき》・神農《しんのう》】ともに中国古代の伝説上《でんせつじょう》の帝王《ていおう》。その治世《ちせい》は平和で繁栄《はんえい》したとされる。

〈注2〉【唐堯《とうぎょう》や虞舜《ぐしゅん》】ともに中国古代の伝説上《でんせつじょう》の帝王《ていおう》。『史記《しき》』などでは五帝《ごてい》に含《ふく》まれている。その治世《ちせい》は後世《こうせい》の人々から理想とされた。

〈注3〉【鳩《はと》が変化《へんか》して鷹《たか》となり、雀《すずめ》が変化して蛤《はまぐり》となった】ともに物が大きく変化することの譬《たと》え。中国では古来、中秋（旧暦《きゅうれき》八月）になると、鳩が鷹に変化すると考えられていた。また晩秋《ばんしゅう》（同九月）に、雀は蛤になると考えられていた。

〈注4〉【薬師経《やくしきょう》の七難《しちなん》】①人衆疾疫《にんしゅしつえき》（人々が疫病《えきびょう》に襲《おそ》われる）の難《なん》 ②他国侵逼《たこくしんぴつ》（他国から侵略《しんりゃく》される）の難 ③自界叛逆《じかいほんぎゃく》（国内で反乱《はんらん》が起こる）の難 ④星宿変怪《しょうしゅくへんげ》（星々の異変《いへん》）の難 ⑤日月薄蝕《にちがつはくしょく》（太陽・月が翳《かげ》ったり蝕《しょく》したりする）の難 ⑥非時風雨《ひじふうう》（季節外《きせつはず》れの風雨）の難 ⑦過時不雨《かじふう》（季節《きせつ》になっても雨が降《ふ》らず干《かん》ばつになる）の難。

〈注5〉【大集経《だいじっきょう》の三災《さんさい》】①穀貴《こっき》（飢饉《ききん》などによる穀物《こくもつ》の高騰《こうとう》）②兵革《ひょうかく》（戦乱《せんらん》）③疫病《えきびょう》（伝染病《でんせんびょう》の流行）。

〈注6〉【仁王経《にんのうきょう》の七難《しちなん》】①日月失度難《にちがつしつどなん》（太陽や月の異常現象《いじょうげんしょう》）②星宿失度難《しょうしゅくしつどなん》（星の異常現

象）③災火難《さいかなん》（種々《しゅじゅ》の火災《かさい》）④雨水難《うすいなん》（異常な降雨《こうう》・降雪《こうせつ》や洪水《こうずい》）⑤悪風難《あくふうなん》（異常な風）⑥亢陽難《こうようなん》（干《かん》ばつ）⑦悪賊難《あくぞくなん》（内外の賊《ぞく》による戦乱《せんらん》）。

〈注7〉【人が世に生きているかぎりは、誰《だれ》もが……哀《かな》しいことだと思って避《さ》けている】この部分の前後（御書三二ページ）の御真筆《ごしんぴつ》の記述《きじゅつ》は次のとおりである。

「就中人之在世　各恐後生　是以或信邪教　或貴謗法　各雖悪迷是非　而猶哀帰仏法　何同以信心之力　妄宗邪議之詞哉」

「是非《ぜひ》に迷《まよ》うことを悪《にく》む」と「猶《なお》仏法に帰《き》することを哀《かな》しむ」の主語は、構文上《こうぶんじょう》いずれも「各《おのおの》」と考えられる。またこの「各」は直前の「各」と同じと見られ、「この世の人のそれぞれ」である。「是非に迷うことを悪む」とは、「邪教《じゃきょう》・謗法《ほうぼう》」を信じてしまうような誤《あやま》った判断《はんだん》を嫌悪《けんお》しているということである。

「猶《なお》仏法に帰《き》することを哀《かな》しむ」については、「仏法に帰すること」は「是非《ぜひ》に迷《まよ》う」の対《つい》であるから、「邪教《じゃきょう》・謗法《ほうぼう》」を信ずるような誤《あやま》りを犯《おか》さず、正しく「仏法」に帰依《きえ》することである。それを「哀しむ」というのは、「雖～而猶」という逆接《ぎゃくせつ》の構文《こうぶん》なので、「悪《にく》む」こととは反対の価値《かち》のことを「哀しむ」は行《おこな》っていることになる。そこで、「正しい仏法に帰依することは哀しいことだと思って避《さ》けている」ととらえた。

すなわち、全体として「（世間の人々は）それぞれが誤《あやま》った教えを信じてしまうことは嫌《いや》がっているけれども、それでもなお（判断《はんだん》を誤り正しい仏法を正しいと分からず）正しい仏法に帰依《きえ》することは哀《かな》しいことだと思って避《さ》けている」と解《かい》した。

〈注8〉【天の神《かみ》】御書本文は「天竜」（三二一ページ）。御真筆《ごしんぴつ》は「天神」なので改《あらた》めた。

〈注9〉【三界《さんがい》】欲界《よっかい》・色界《しきかい》・無色界《むしきかい》からなる、地獄《じごく》から天界《てんかい》までの六道《ろくどう》の迷《まよ》いの衆生《しゅじょう》の住む世界。欲界とは、欲望《よくぼう》にとらわれた衆生が住む世界。色界は、欲望からは離《はな》れたが、物《ぶっ》質的《しってき》な制約《せいやく》がある衆生が住む世界。無色界は、欲望も物質的な制約も離れた高度に精神的な世界のこと。

〈注10〉【由旬《ゆじゅん》】サンスクリットのヨージャナの音写で、インドの長さの単位。帝王《ていおう》が一日に行軍《こうぐん》する距離《きょり》と言われる。

第10段　領解《りょうかい》して立正安国を誓《ちか》う

（御書三二一ジペー十八行目〜三二二ジペー四行目）

（33）

旅人《たびびと》はいう。

今世《こんぜ》のことも来世《らいせ》のことも、誰《だれ》が身を慎《つつし》まないことがあるだろうか、誰が心穏《おだ》やかでいられるだろうか。

これらの経文に目を通して詳《くわ》しく仏の言葉を承《うけたまわ》ってみると、誹謗《ひぼう》の罪《つみ》はきわめて重く、法を謗る罪は実《じつ》に深い。私は阿弥陀仏《あみだぶつ》だけを信じて諸仏《しょぶつ》を抛《なげう》ち、浄土《じょうど》の三部経《さんぶきょう》を仰《あお》いで諸経《しょきょう》を閣《さしお》いたのは、自分勝手な思いからではなく、先達《せんだつ》の言葉に随《したが》っただけである。全国の人々もまた同様である。今世《こんぜ》には仏性《ぶっしょう》をそなえている心〈注1〉を消耗《しょうもう》させ、来世《らいせ》には阿鼻地獄《あびじごく》に堕《お》ちてしまうことは、経文に明らかであり法理《ほうり》は行《ゆ》き届《とど》いている。疑《うたが》うことはできない。

あなたの慈悲《じひ》の教誨《きょうかい》をいよいよ仰《あお》ぎ、私の愚《おろ》かな心をますます開くことにしよう。速《すみ》やかに謗法《ほうぼう》を滅《めっ》する手だてを施《ほどこ》し早急《さっきゅう》に泰平《たいへい》を実現し、まず生前《せいぜん》を安《あん》穏《のん》なものとして、さらには死後のための善根《ぜんこん》を増《ま》すようにしよう。ただ私だけが信じるのではなく、それに加《くわ》えて、他の人々の誤《あやま》りをも制止《せいし》していこう。

（「立正安国論」終わり）

◇注　解◇

〈注1〉**【仏性《ぶっしょう》をそなえている心】**　御書本文は「性心《しょうしん》」（三二ジペー）。

解説「立正安国論《りっしょうあんこくろん》」

「立正安国論」は、日蓮大聖人が文応元年《ぶんおうがんねん》(一二六〇年)七月十六日、三十九歳の時、当時の実質的《じっしつてき》な最高権力者《さいこうけんりょくしゃ》・北条時頼《ほうじょうときより》に提出《ていしゅつ》された「国主諫暁《かんぎょう》の書」である。

当時、北条時頼《ほうじょうときより》は、重病《じゅうびょう》を機《き》に執権《しっけん》を辞《や》めて出家《しゅっけ》し、最明寺《さいみょうじ》入道《にゅうどう》と呼《よ》ばれていたが、得宗《とくそう》(北条氏の家督《かとく》すなわち一家・一族を統括《とうかつ》する者)として幕府《ばくふ》の実権《じっけん》を握《にぎ》っていた。これが、大聖人が時頼に諫暁《かんぎょう》された理由と考えられる。

「諫暁《かんぎょう》」とは「諫《いさ》め暁《さと》す」ことであり、相手の誤《あやま》りを指摘《してき》して迷妄《めいもう》を開き、正《ただ》しい道に導《みちび》く、との意義《いぎ》がある。

背景

当時は、大地震《おおじしん》・大風《おおかぜ》・洪水《こうずい》などの自然災害《しぜんさいがい》が相次《あいつ》ぎ、深刻《しんこく》な飢饉《ききん》を招《まね》き、加《くわ》えて疫病《えきびょう》の流行《りゅうこう》などが毎年のように続き、人心《じんしん》は乱《みだ》れ、民衆《みんしゅう》は苦悩《くのう》の底《そこ》にあった。

「立正安国論奥書《おくがき》」に、「正嘉元年太歳丁巳《しょうかがんねんたいさいひのとみ》八月二十三日戌亥《いぬい》の尅《こく》（午後九時前後）の大地震《おおじしん》を見て考えた」（御書三三ページ、通解）とあるように、正嘉元年（一二五七年）八月に鎌倉一帯《かまくらいったい》を襲《おそ》った「正嘉の大地震」が、本書を執筆《しっぴつ》された直接《ちょくせつ》の動機《どうき》である。

この大地震《おおじしん》は前代に例《れい》を見ない被害《ひがい》をもたらした。山は崩《くず》れ、家屋《かおく》は倒壊《とうかい》し、地が裂《さ》け、火炎《かえん》が噴《ふ》き出《で》たという記録《きろく》が残《のこ》っている。（鎌倉《かまくら》時代の歴史書《れきししょ》『吾妻鏡《あずまかがみ》』には、次のように記されている。「廿三日《にじゅうさんにち》乙巳《きのとみ》。晴。戌尅《いぬのこく》に大いに地震《ちふる》う。音有り。神社仏閣一宇《ぶっかくいちう》として全《まった》きは無《な》し。山岳頽崩《さんがくたいほう》し、人屋顛倒《じんおくてんどう》し、築地皆悉《ついじみなことごと》く破損《はそん》す。所々地裂《さ》け、水涌《わ》き出《い》で、中下馬橋《なかのげばばし》の辺《へん》は地裂け破《やぶ》れ、其《そ》の中より火炎燃《も》え出《い》ず。色青し云云《うんぬん》」）

日蓮大聖人は、このような民衆《みんしゅう》の苦悩《くのう》を目《ま》の当《あ》たりにされ、深《ふか》く心を痛《いた》められていた。そして、災難《さいなん》を止《とど》めて民衆を救《すく》う道を諸経典《しょきょうてん》を広くひもといて探究《たんきゅう》された。その結論として、正法を否定《ひてい》し反発《はんぱつ》する謗法《ほうぼう》の教えに人々が帰依《きえ》するのを止め、正法を人々の心と社会の支柱《しちゅう》として打ち立てる以外にない、と深《ふか》く確信《かくしん》された。

そして、「立正安国論」を著《あらわ》し、北条時頼《ほうじょうときより》の側近《そっきん》である宿屋《やどや》光則《みつのり》を介《かい》して、この書を提出《ていしゅつ》されたのである。

構成

「立正安国論」は、客《きゃく》と主人との十問九答《じゅうもんきゅうとう》の問答形式《もんどうけいしき》で展開《てんかい》される。相《あい》次《つ》ぐ災難《さいなん》を嘆《なげ》く客（＝北条時頼《ほうじょうときより》を想定《そうてい》）に対し主人（＝日蓮大聖人）は、経典に基《もと》づき答え、正《ただ》しい人生と社会のあり方を教え、その実現《じつげん》を促《うなが》していくのである。

まず、客《きゃく》の災難《さいなん》への嘆《なげ》きに対して、主人は、共感《きょうかん》しながらも、人々が正法に背《そむ》き悪法《あくほう》を信じている「謗法《ほうぼう》」こそ災《わざわ》いの原因であると述《の》べる。

そして、災厄《さいやく》の元凶《げんきょう》として、法然《ほうねん》（源空《げんくう》）の専修念仏《せんじゅねんぶつ》を強く破折《はしゃく》する。

法然《ほうねん》は主著《しゅちょ》『選択集《せんちゃくしゅう》（選択本願念仏集《せんちゃくほんがんねんぶつしゅう》）』で、念仏《ねんぶつ》がよりどころとする阿弥《あみ》陀仏《だぶつ》と浄土三部経《じょうどさんぶきょう》（無量寿経《むりょうじゅきょう》・阿弥陀経《あみだきょう》・観無量寿経《かんむりょうじゅきょう》）を除《のぞ》いて、釈尊《しゃくそん》を含《ふく》めてあらゆる仏神《ぶっしん》と法華経を含む諸経《しょきょう》をすべて「捨閉閣抛《しゃへいかくほう》（捨《す》て、閉《と》じ、閣《さしお》き、抛《なげう》て）」するよう主張《しゅちょう》している。それが、まさに釈尊の正法を否定《ひてい》し破壊《はかい》する「謗法《ほうぼう》」の典型《てんけい》であったからである。

ところが、その専修念仏《せんじゅねんぶつ》は、世俗《せぞく》の権力者《けんりょくしゃ》の帰依《きえ》を受け、また本来、法華経の信仰《しんこう》を宣揚《せんよう》すべき天台宗《てんだいしゅう》の高僧《こうそう》など宗教的権威《しゅうきょうてきけんい》の容認《ようにん》を得《え》て、幅広《はばひろ》く人々の信仰《しんこう》を集め、特に隆盛《りゅうせい》を誇《ほこ》っていた。

それ故、主人は、「あのような数《かず》多くの祈《いの》りを行《おこな》うよりもこの一凶《いっきょう》を禁《きん》じるのに勝《まさ》るものはない（如《し》かず彼《か》の万祈《ばんき》を修《しゅ》せんよりは此《こ》の一凶を禁ぜんには）」（御書二四㌻）と謗法《ほうぼう》の念仏《ねんぶつ》の禁断《きんだん》を強く促《うなが》している。

さらに、このまま謗法《ほうぼう》の教えに執着《しゅうちゃく》し続けるなら、経典に説《と》かれる諸難《しょなん》のうち、まだ起《お》こっていない難（薬師経《やくしきょう》の七難《しちなん》でいえば自界叛逆難《じかいほんぎゃくなん》と他国侵逼難《たこくしんぴつなん》の二難）が起《お》こると警告《けいこく》する。

そして客《きゃく》に「あなたはまず社会全体の静穏《せいおん》を祈《いの》ることが必要ではないのか（先《ま》ず四表《しひょう》の静謐《せひつ》を禱《いの》らん者か）」（御書三一ページ）と示される。次いで、「あなたは早速《さっそく》ささやかな信仰《しんこう》の心を改《あらた》めて、速《すみ》やかに、本当に成仏《じょうぶつ》へ至《いた》らせる教えである唯一《ゆいいつ》の善《よ》い法《ほう》に帰依《きえ》しなさい（汝早《なんじはや》く信仰の寸心《すんしん》を改めて速に実乗《じつじょう》の一善《いちぜん》に帰《き》せよ）」（御書三二ページ）と、実乗の一善（妙法《みょうほう》）に帰依《きえ》するよう求《もと》めている。

最後《さいご》に客《きゃく》は、謗法《ほうぼう》の教えを捨《す》てて妙法《みょうほう》に帰依《きえ》し、自身が信ずるだけではなく人々の誤《あやま》りを正していくことを誓《ちか》う。この誓いの言葉が、そのまま本《ほん》抄《しょう》全体の結論となっている。

立正安国について

「立正安国」とは、「正《しょう》を立《た》て、国《くに》を安《やす》んず」と読む。「立正《りっしょう》」は安国の根本条件《じょうけん》であり、「安国《あんこく》」は立正の根本目的である。

「立正」とは、「正法を立《た》てる」つまり、正法の流布《るふ》である。「正法」とは、「実乗《じつじょう》の一善《いちぜん》」すなわち、すべての人々が仏性《ぶっしょう》という根源《こんげん》の力《ちから》を開いて成仏《じょうぶつ》できると説《と》く法華経の法理《ほうり》である。

「立正」とは、個人《こじん》の次元《じげん》では、この法華経への強い「信《しん》」を人々の胸中《きょうちゅう》に確立《かくりつ》することである。そして、社会の次元では、法華経から帰結《きけつ》される「人間への尊敬《そんけい》」「生命の尊厳《そんげん》」の理念《りねん》が、社会の万般《ばんぱん》を支《ささ》える哲学《てつがく》として確立されることである。

また、「立正」とは、破邪顕正《はじゃけんしょう》でもある。法華経の万人成仏《ばんにんじょうぶつ》・万人平等《ばんにんびょうどう》の精神に反《はん》する教えは、人間の絆《きずな》の分断《ぶんだん》をもたらす主義《しゅぎ》・思想であり、そうした「民衆蔑視《みんしゅうべっし》」の教えは次第《しだい》に人々の心に浸食《しんしょく》し、活力を奪《うば》っていく。この「悪《あく》」を打《う》ち破《やぶ》る対話によって人々の生命の根源的《こんげんてき》な迷《まよ》いである無明《むみょう》を打《う》ち払《はら》い、正法を社会に確立《かくりつ》することが肝要《かんよう》である。

この「立正」の目的《もくてき》である「安国」、すなわち「国を安《やす》んず」とは、社会の繁栄《はんえい》と世界の平和にほかならない。

日蓮大聖人が示された「安国」の「国」とは、権力者《けんりょくしゃ》を中心者とする体制《たいせい》としての「国家」ではなく、民衆《みんしゅう》が生活を営《いとな》む場である「国土」を指している。

大聖人が生きられた当時の日本では、鎮護《ちんご》国家が仏教の役割《やくわり》とされ、その内実《ないじつ》は支配者《しはいしゃ》の安泰《あんたい》を第一に祈《いの》るものであった。そのようなあり方の破綻《はたん》を象徴《しょうちょう》するのが、大聖人がお生まれになる前年（一二二一年）に起こった承久《じょうきゅう》の乱《らん》であった。この乱では、盛《さか》んに祈禱《きとう》を行《おこな》った朝廷側《ちょうていがわ》が、鎌倉幕府《かまくらばくふ》に惨敗《ざんぱい》して、国主の地位《ちい》から完全に退《しりぞ》くことになった。

この勝利《しょうり》で国主の地位を得《え》た幕府《ばくふ》も、正法を蔑《ないがし》ろにする謗法《ほうぼう》の諸宗《しょしゅう》に帰依《きえ》し、それに基《もと》づく祈禱《きとう》を盛《さか》んに行《おこな》うようになっていた。

大聖人はその非《ひ》を訴《うった》え、社会の安定と繁栄《はんえい》を願《ねが》われたのである。

自界叛逆《じかいほんぎゃく》・他国侵逼《たこくしんぴつ》の両難《りょうなん》に対《たい》する警告《けいこく》は、悲惨《ひさん》な戦争《せんそう》によって民衆《みんしゅう》が塗炭《とたん》の苦しみにあえぐことを、なんとしても回避《かいひ》せねばならないとの大慈悲《だいじひ》の発露《はつろ》であられたと拝《はい》される。また、この「国」の考えは、当時の日本に限《かぎ》らず、未来永遠《みらいえいえん》に全世界に及《およ》ぶものである。

どこまでも民衆《みんしゅう》に同苦《どうく》し、社会の繁栄《はんえい》と世界の平和を願うのが大聖人の仏法である。

御生涯《ごしょうがい》を貫《つらぬ》く忍難弘通《にんなんぐつう》の精神と行動

日蓮大聖人の御生涯《ごしょうがい》にわたる御行動《ごこうどう》は「立正安国論に始まり、立正安国論に終わる」といわれる。

「立正安国論」の提出《ていしゅつ》を契機《けいき》に、大聖人に対する幕府《ばくふ》や既成《きせい》の宗教勢力《しゅうきょうせいりょく》からの迫害《はくがい》が本格化《ほんかくか》した。

幕府《ばくふ》は大聖人の諫暁《かんぎょう》に対して、御書に「お尋《たず》ねも採用《さいよう》もなかった」（御書三五五ジペー、通解）などと仰《おお》せのように、結果的《けっかてき》に黙殺《もくさつ》の態度《たいど》をとった。

法然《ほうねん》の念仏《ねんぶつ》を強く破折《はしゃく》する「立正安国論」の提出《ていしゅつ》からほどなく、念仏者たちが大聖人の草庵《そうあん》を襲《おそ》った。いわゆる松葉ケ谷《まつばがやつ》の法難《ほうなん》である。

また、翌・弘長《こうちょう》元年（一二六一年）五月、大聖人は幕府《ばくふ》によって伊豆《いず》に流《る》罪《ざい》にされた（弘長三年＝一二六三年二月に赦免《しゃめん》）。

文永元年《ぶんえいがんねん》（一二六四年）十一月には、故郷《こきょう》の安房《あわ》で、地頭《じとう》・東条景信《とうじょうかげのぶ》の手《て》勢《ぜい》に襲撃《しゅうげき》され、同行の門下《もんか》の中に死者《ししゃ》が出た上、大聖人御自身《ごじしん》も額《ひたい》に傷《きず》を負《お》い、左の手を折《お》られた（小松原《こまつばら》の法難《ほうなん》）。

このように、命の危険《きけん》にも度々さらされる迫害《はくがい》を受けられても、大聖人の立正安国の精神と行動が揺《ゆ》らぐことはなかった。

文永《ぶんえい》五年（一二六八年）、大聖人は、蒙古《もうこ》（モンゴルの当時の呼称）からの国書《こくしょ》が到来《とうらい》したことをいち早く知り、再《ふた》び諫暁《かんぎょう》の筆を執《と》られる。それが「安国論《あんこくろん》御勘由来《ごかんゆらい》」である。「安国論」を執筆《しっぴつ》・提出《ていしゅつ》した意義《いぎ》を自《みずか》ら解説《かいせつ》し、謗法《ほうぼう》禁断《きんだん》を改《あらた》めて訴《うった》えられている。

さらに同年には、時の執権《しっけん》であり北条時頼《ほうじょうときより》の子である時宗《ときむね》や平左衛門尉《へいのさえもんのじょう》頼綱《よりつな》（平頼綱《たいらのよりつな》）ら幕府《ばくふ》の要人《ようじん》、極楽寺良観《ごくらくじりょうかん》（忍性《にんしょう》）ら鎌倉《かまくら》の諸大寺《しょだいじ》の僧《そう》ら、あわせて十一カ所《しょ》に書状《しょじょう》を送《おく》り（十一通御書《じゅういっつうごしょ》）、公場対決《こうじょうたいけつ》を迫《せま》られた。

その毅然《きぜん》たる大聖人《だいしょうにん》のお振《ふ》る舞《ま》いに対し、諸宗《しょしゅう》の高僧《こうそう》は讒言《ざんげん》によって幕《ばく》府《ふ》を動かし、それが文永《ぶんえい》八年（一二七一年）の竜《たつ》の口《くち》の法難《ほうなん》・佐渡流罪《さどるざい》へとつながっていくのである。

「立正安国論」こそ、大聖人御自身《ごじしん》が最《もっと》も重要視《じゅうようし》され、諸御抄《しょごしょう》で何度も言及《げんきゅう》された書である。

例《たと》えば「種種御振舞御書《しゅじゅおふるまいごしょ》」では、「立正安国論」の諫暁《かんぎょう》と二難の警告《けいこく》について「白居易《はくきょい》の（諫暁の書である）『新楽府《しんがふ》』をも超《こ》え、釈尊《しゃくそん》の未来世《みらいせ》の予《よ》言《げん》にも劣《おと》らない（白楽天《はくらくてん》が楽府《がふ》にも越《こ》へ仏の未来記《みらいき》にもをとらず）」（御書九〇九ページ）と言われている。

また、文応元年《ぶんおうがんねん》以降の諫暁《かんぎょう》の際《さい》にも、「立正安国論」を添《そ》えられており、さらに後世《こうせい》に残《のこ》す御配慮《ごはいりょ》の上からも、大聖人は「立正安国論」を自《みず》から何度《なんど》も清書《せいしょ》されている。

「立正安国論」で述《の》べられた二難の警告《けいこく》は、三度にわたる国主諫暁《かんぎょう》、すなわち①「立正安国論」提出《ていしゅつ》の時、②竜《たつ》の口《くち》の法難《ほうなん》の時、③大聖人の佐《さ》渡流罪赦免後《どるざいしゃめんご》の諮問《しもん》の時に、訴《うった》えられた。それが現実《げんじつ》となって大聖人の正しさが証明《しょうめい》されたことを、「撰時抄《せんじしょう》」では御自身《ごじしん》の「三度の高名《こうみょう》（三度のかうみょう《高名》）」（御書二八七ページ）とされている。

身延入山後《みのぶにゅうざんご》には、蒙古調伏《もうこじょうぶく》のための祈禱《きとう》で重用《ちょうよう》されていた真言《しんごん》への破折《はしゃく》の経文などを添加《てんか》して再治《さいじ》され、その本は「広本《こうほん》」として伝《つた》わっている。

そして、御入滅《ごにゅうめつ》の直前《ちょくぜん》、弘安《こうあん》五年（一二八二年）九月二十五日に武蔵国池上《むさしのくにいけがみ》（現在の東京都大田区池上）で大聖人が最後《さいご》に講義《こうぎ》されたのも、「立正安国論」であった。

大聖人の法門《ほうもん》と行動を正しく受《う》け継《つ》がれた日興上人《にっこうしょうにん》も、本抄《ほんしょう》を大聖人の御書の十大部《じゅうだいぶ》の一つに挙《あ》げられている。また、御自身《ごじしん》やその門下が国主諫《かん》暁《ぎょう》を行《おこな》った際《さい》にも、「立正安国論」を書写して提出《ていしゅつ》している。

後世《こうせい》に受《う》け継《つ》がれた平和建設《けんせつ》の精神

「民衆本位《みんしゅうほんい》」と「世界平和」が、日蓮大聖人の安国論の本質《ほんしつ》である。ところが、近代の日本においては、田中智学《たなかちがく》や本多日生《ほんだにっしょう》など日蓮主義《しゅぎ》を唱《とな》える者らが偏狭《へんきょう》な国家主義を主張《しゅちょう》し、誤《あやま》った「立正安国」観《かん》、日蓮観を広げてしまった。彼らは、日蓮仏法を利用《りよう》して戦争《せんそう》への道を準備《じゅんび》し、アジア侵《しん》略《りゃく》を進めた軍人や暗殺《あんさつ》・テロの首謀者《しゅぼうしゃ》にも影響《えいきょう》を与《あた》えた。

それはまさに「日蓮を用《もち》いたとしても、誤《あやま》って尊敬《そんけい》するなら、国が亡《ほろ》んでしまう（日蓮を用いぬるともあし《悪》くうやま《敬》はば国亡ぶべし）」（御書九一九ページ）と大聖人が警告《けいこく》されていた通りのものであった。

大聖人の立正安国の正しい精神は、七百年の時を経《へ》て、創価学会の三代《さんだい》会長《かいちょう》の不動《ふどう》の精神として受《う》け継《つ》がれた。

初代会長《しょだいかいちょう》・牧口常三郎《まきぐちつねさぶろう》先生は、第二次世界大戦《せかいたいせん》の最中《さなか》、軍部政府《ぐんぶせいふ》の弾圧《だんあつ》と戦《たたか》い抜《ぬ》き獄死《ごくし》した。牧口先生と共《とも》に投獄《とうごく》され、戦後《せんご》の焼《や》け野原《のはら》に一人立った第二代会長《かいちょう》・戸田城聖《とだじょうせい》先生は、苦悩《くのう》にあえぐ民衆《みんしゅう》に大仏法を広め、創価学会を大発展《だいはってん》させた。

そして、第三代の池田大作《いけだだいさく》先生は、民衆勢力《みんしゅうせいりょく》の台頭《たいとう》を恐《おそ》れる権力《けんりょく》の魔性《ましょう》による迫害《はくがい》の矢面《やおもて》に立ち、混迷《こんめい》する現代を照《て》らす希望の哲学《てつがく》を世界に拡大《かくだい》した。

創価の師弟《してい》の不惜身命《ふしゃくしんみょう》の闘争《とうそう》によって、日蓮仏法は、国家や民族《みんぞく》、文化の壁《かべ》を超《こ》えて、年齢《ねんれい》や性別や社会的な地位《ちい》・立場《たちば》に関係《かんけい》なく、あらゆる人々が信仰《しんこう》する世界宗教《せかいしゅうきょう》として、世界百九十二カ国・地域《ちいき》に広がっているのである。

現代語訳　立正安国論

発行日　二〇一七年二月十一日
第五刷　二〇一七年七月三十日
監　修　池田大作
編　者　創価学会教学部
発行者　松岡　資
発行所　聖教新聞社
〒一六〇-八〇七〇　東京都新宿区信濃町一八
電話〇三―三三五三―六一一一（大代表）
印刷所　株式会社　精興社
製本所　牧製本印刷株式会社
＊
落丁・乱丁本はお取り替えいたします

定価は表紙に表示してあります
ISBN 978-4-412-01623-1